英文ビジネスEメールの正しい書き方 実践応用編

松崎久純 著

研究社

本書は、英文Eメールでビジネス通信をする方々のために書かれています。本書には以下の特長があります。

- ・ビジネスパーソンらしい英文表現を紹介
- ・企業の業務から個人取引まで、幅広く使える
- ・数多くのプラクティカルな例文、センテンスを紹介
- ・Eメールの構成方法がよくわかる
- ・「書き出し」「結び」で使うセンテンスを紹介

また、本書の例文と解説は、以下の点に留意が払われています。

- ・例文は、ビジネス通信ですぐに使えるものであること
- ・それらはシンプルでまとまりのある文章であること
- ・すばやく書き上げるコツが身に付く内容であること
- ・ビジネス文章としてのルールを押さえていること
- ・極端にアメリカ式やイギリス式の英文に偏らないこと

なお、本書の例文の訳文には、学習する方々への配慮から、こなれた意訳(文章の意味をくみ取り、日本語らしく翻訳すること)はせず、あえて直訳したものがあります。英日対訳をわかりやすく理解していただけるはずです。

Preface

第1章　Eメールの構成とネチケット
は、英文ビジネスEメールの基本的なルールの説明です。

第2章　2. 例文サンプル10
第3章　1. 便利な構成パターン20
では、そのまま使える例文を紹介するとともに、パラグラフを用いた文章構成の仕方を解説しています。この解説に目を通すことで、それ以降に紹介する、

第3章　2. 用件別例文
第4章　1. シチュエーション別例文
　　　　2.「書き出し」と「結び」のセンテンス
は、一層使い勝手がよくなります。

　英文ビジネスEメールを上手に書くためには、すぐれた例文を参考にすることが大切です。正しいイメージを捉え、すばやくスキルを身につけましょう。本書が皆さんのお役に立つことを願います。

　本書の企画と編集では、研究社編集部長の吉田尚志さん、編集部の宮内繭子さん、高見沢紀子さんにたいへんお世話になりました。ここに感謝の意を表します。完成にご尽力いただいたすべての方々にお礼申し上げます。

2010年7月

松崎久純

第1章 Eメールの構成とネチケット

1. Eメールの構成
（1）From（送信者名・Eメールアドレス） 3
（2）To（宛先） 3
（3）Cc ［＝Carbon Copy］（カーボン・コピー、写し） 3
（4）Bcc ［＝Blind Carbon Copy］（ブラインド・カーボン・コピー） 3
（5）件名　Subject（Eメールの標題） 4
（6）敬辞（Salutation） 4
（7）本文の構成（Body） 5
（8）結辞（Complimentary Close） 6
（9）署名欄（Signature Block） 7

2. ビジネスEメールのネチケット
（1）文章語を使う 8
（2）丁寧な言葉遣いをする 8
（3）読み手にやさしく 8
（4）感情的な文章は書かない 9
（5）期日を守る 9
（6）テキスト形式を使う 9
（7）色の使用について 9
（8）強調したい部分の処理 10
（9）大文字の文章について 10

(10) 省略形・擬音・変形文字について　　　　　　　10
(11) 略語文字について　　　　　　　　　　　　　　10
(12) 性差のない表現を用いる　　　　　　　　　　　11
(13) スペルチェックをする　　　　　　　　　　　　12

3. 役職名一覧　　　　　　　　　　　　　　　　　　13

第2章　英文ビジネスEメールの「書き方の原則」と「例文サンプル10」

1. 書き方の原則
(1) 1通に1件のテーマ　　　　　　　　　　　　　18
(2) 追伸の使い方　　　　　　　　　　　　　　　　18
(3) パラグラフを用いる　　　　　　　　　　　　　18
(4) 用件をはっきりと伝える　　　　　　　　　　　19
(5) 十分な説明をする　　　　　　　　　　　　　　19
(6) あいさつを割愛するときでも...　　　　　　　19
(7) 決まり文句を使う　　　　　　　　　　　　　　19
(8) 年月日の表記　　　　　　　　　　　　　　　　20
(9) 日にちの序数表記　　　　　　　　　　　　　　20
(10) 時間の表記　　　　　　　　　　　　　　　　　20
(11) 日時はわかりやすく表記する　　　　　　　　　21
(12) 数字は12までスペルアウトする　　　　　　　21
(13) 添付ファイルについて書く　　　　　　　　　　21

2. 例文サンプル10
(1) ミーティングを設定する
　　　 Setting Up a Meeting　　　　　　　　　　　24
(2) 苦情に応える
　　　 Responding to a Claim　　　　　　　　　　 28

（3）値上げを通知する
　　　Informing of a Price Rise　　　　　　　　　　　　　　32
（4）お礼を伝える
　　　Expressing Thanks　　　　　　　　　　　　　　　　36
（5）納期の遅れを伝える
　　　Informing of a Delivery Delay　　　　　　　　　　　　40
（6）提案をする
　　　Making a Suggestion　　　　　　　　　　　　　　　44
（7）電話で話したことを確認する
　　　Confirming a Telephone Conversation　　　　　　　　48
（8）自社紹介をする
　　　Introducing Your Company　　　　　　　　　　　　52
（9）苦情を伝える
　　　Making a Claim　　　　　　　　　　　　　　　　　56
（10）注文書の間違いを指摘する
　　　Pointing Out Mistakes on an Order Form　　　　　　60

第3章　英文ビジネスEメールの「便利な構成パターン20」と「用件別例文」

1. 便利な構成パターン20

パターン1　用件→注意事項1→注意事項2
　　　　　依頼：Request　　　　　　　　　　　　　　　　　68
パターン2　用件→依頼1→依頼2
　　　　　依頼：Request　　　　　　　　　　　　　　　　　70
パターン3　キャッチ→案内→結び
　　　　　案内：Information　　　　　　　　　　　　　　　72
パターン4　用件→詳細→注意事項
　　　　　通知：Notification　　　　　　　　　　　　　　　74
パターン5　前置き→要点
　　　　　確認：Confirmation　　　　　　　　　　　　　　76

Contents

パターン 6	特定する→説明する→結ぶ	
	説明：Explanation	78
パターン 7	前置き→説明→質問	
	問い合わせ：Inquiry	80
パターン 8	問題の指摘→背景・詳細→質問	
	問い合わせ：Inquiry	82
パターン 9	状況説明→詳細→結び	
	通知：Notification	84
パターン 10	状況を尋ねる→必要性を訴える→結ぶ	
	催促：Demand	86
パターン 11	状況を尋ねる→必要性を訴える→相手のメリットを述べる	
	催促：Demand	88
パターン 12	要望1→要望2→結び	
	問い合わせ：Inquiry	90
パターン 13	依頼→理由1→理由2→結び	
	依頼：Request	92
パターン 14	特定する→説明する→提案して尋ねる	
	問い合わせ：Inquiry	94
パターン 15	特定する→用件→結ぶ	
	通知：Notification	96
パターン 16	説明する→質問1→質問2	
	問い合わせ：Inquiry	98
パターン 17	依頼→説明→もしダメなら...	
	依頼：Request	100
パターン 18	質問する→説明する→さらに説明する	
	催促：Demand	102
パターン 19	前置き→箇条書き	
	説明：Explanation	104
パターン 20	依頼→詳細→付け加えて	
	依頼：Request	106

2. 用件別例文

（1）	問い合わせ	Inquiry	108
（2）	依頼	Request	111
（3）	催促	Demand	116
（4）	指摘	Pointing Out	118
（5）	確認	Confirmation	122
（6）	通知／案内	Notification / Information	124
（7）	お詫び	Apology	126

第4章　英文ビジネスEメールの「シチュエーション別例文」と「書き出し／結び」のセンテンス

1. シチュエーション別例文

（1）スモールビジネス／インターネット取引
　　　Small Business / Internet Trade　　　　　　　　133
（2）出張
　　　Business Trips　　　　　　　　　　　　　　　　144
（3）お礼状
　　　Thank You Letters　　　　　　　　　　　　　　167
（4）不在中／休暇
　　　Out of Office / Holidays　　　　　　　　　　　170
（5）昇進
　　　Promotion　　　　　　　　　　　　　　　　　　172
（6）人事異動／退職
　　　Personnel Transfers / Resignations　　　　　173
（7）Eメールアドレスの変更
　　　Change of Email Address　　　　　　　　　　176
（8）お見舞い
　　　Get Well　　　　　　　　　　　　　　　　　　　176
（9）お悔やみ／慰めの言葉
　　　Condolence / Sympathy　　　　　　　　　　　177

2.「書き出し」と「結び」のセンテンス

（1）Eメールの「書き出し」に使う一文
　　　Phrases and sentences to use at the beginning of emails　　179
- With regard to 〜　〜についてですが　179
- Concerning 〜　〜についてですが　180
- Regarding 〜　〜についてですが　180
- Further to 〜　〜に付け加えてですが　180
- As per 〜　〜の通り　181
- This is 〜　これは〜　181
- In response to 〜　〜への返答ですが　181
- regret to inform you 〜　あなたに〜をお伝えすることを残念に思います　182
- Many thanks for 〜　〜をどうもありがとうございます［ございました］　182
- Thank you for 〜　〜をありがとうございます［ございました］　183
- Apologies for 〜, Sorry for [to]〜　〜で申し訳ありません　183
- I have 〜　〜があります　184

（2）Eメールの「結び」に使う一文
　　　Phrases and sentences to use at the end of emails　　184
- look forward to 〜　〜を楽しみにしています　184
- Please 〜 if . . .　もし . . . であれば、〜してください　185
- Please let me know if 〜　〜かどうかお伝えください［お教えください］　185
- Please advise if 〜　〜かどうかお伝えください［お教えください］　186
- I hope 〜　〜だとよいのですが［〜であることを望みます］　186
- 〜 would be appreciated　〜だと幸いです　186
- Many thanks, Thank you　ありがとうございます［ございました］　187
- apologize for 〜, sorry for 〜　〜で申し訳ありません［お詫び申し上げます］　187
- Others　その他　188

第1章

Eメールの構成とネチケット

1. Eメールの構成
2. ビジネスEメールのネチケット
3. 役職名一覧

本章は、英文Eメールの作成と通信にあたっての基礎知識です。ビジネスパーソンとして、ぜひ一度は目を通しておきましょう。

第1章

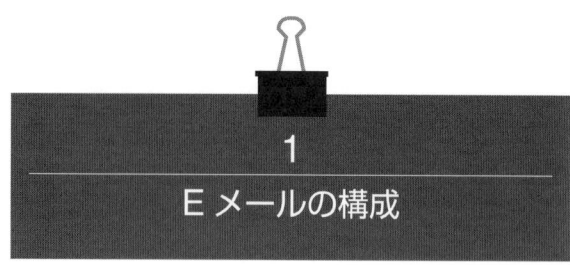

1
Eメールの構成

From: (1)
To: (2)
Cc: (3)
Bcc: (4)
件名：（Subject:） (5)

Dear _____ (6)

We have decided to accept the 10% trade discount. The offer convinced (7)
us to place an order. So please find our official order sheet attached.

It is important the goods are delivered the next week. Please be reminded
we will have to cancel the order if the goods are not delivered by then.

If the item is out of stock, please send us a quotation for a substitute.

Yours sincerely, (8)

****
Michiru ODA (Ms.) (9)
Manager
Industry Development Office
Central Japan Company
3-12 Kurokabe, Higashi-ku,
Nagoya, Japan (469-9999)
Tel: +81-52-000-0000　Fax: +81-52-000-0000
Email: michiruoda@xxx.com
http://www.xxxxx.co.jp
****

Eメールを構成する各部のルールを見てみましょう。

(1) From (送信者名・Eメールアドレス)

送信する本人のEメールアドレスです。名前を表示する場合には、受信者のためにアルファベットで表記しておきます。

(2) To (宛先)

受信者のアドレスを打ち込みます。繰り返し通信する相手のアドレスは、自分のEメールソフト内で、氏名・会社名を付けて管理しておくのがスマートです。その際にもアルファベットで表記します。送信した際に、その表記が相手に見えることがあり、日本語だと文字化けするためです。

(3) Cc　[=Carbon Copy] (カーボン・コピー、写し)

複写用のカーボン紙が語源です。Eメールの画面ではCcと表示されていますが、正しくはccと小文字で表記するものです。同じEメールを他の人にも送るときに、アドレスを打ち込みます。受信者も同じEメールが誰に送られたか知ることができます。

(4) Bcc　[=Blind Carbon Copy] (ブラインド・カーボン・コピー)

Ccと同様、同じEメールを受信者以外の人に送るときに、アドレスを打ち込みますが、この欄に打ち込んだアドレスは、受信者には伝わりません。

(5) 件名　Subject（Eメールの標題）

　本文に件名を付けます。内容が一言でわかるように書きます。
　ここで難しいのは、たとえばEメールの内容が「何らかのリクエスト」であるときに、それが request for ... なのか request on ... なのか、わからない場合です。どちらが適切かは、その後に続く用件により異なりますが、英語に精通していないと迷うことがあるはずです。
　こうした場合には、必ずしも「文法的に正しいセンテンス」を用いる必要はありません。大切なのは、「本文の内容を適切に表わす一文」であることです。そのため、お勧めしたいのは、

Inquiry: Product VG-100「問い合わせ：プロダクト VG-100」
Question: Your email of July10「質問：あなたからの7月10日のEメール」

といった表現です。キーワードを並べるだけで、本文の内容を適切に表わす方法です。これは英語が得意でない人だけが使う方法ではなく、あらゆる人が用いる件名の書き方です。
　以下は特によく使われますから、参考にしましょう。

・Confirmation:「確認」
・Information:「情報」
・Notification:「通知」
・Reminder:「リマインダ（思い起こさせるための通知）」
・Request:「リクエスト」

(6) 敬辞（Salutation）

　受信者の氏名を明記する部分です。親しい間柄で John や Mary などと

書く場合を除いて、敬称を用いて明記します。
・Dear Mr. Smith
・Dear Mr. John Smith
・Mr. John Smith（Dear を用いないケース）

　Dear Mr. Smith, のようにコンマを用いることもあります。アメリカでは一般に Dear Mr. Smith: とコロンを使います。女性には親しい間柄の相手を除いて、Ms.（未婚、既婚の区別をしない女性への敬称）を用いるのが無難です。

　担当者の氏名がわからないときは、Dear Sir［Sirs］（受信者が男性の場合）、Dear Madam［Mesdames］（受信者が女性の場合）とするか、部署名や役職名を明記することもあります。部署名や役職名を明記するときは、はじめに The を付けます。
・The Purchasing Department「購買部」
・The Import Section Manager「輸入課マネジャー」
・The Manager: Research and Development「マネジャー：研究開発」
など

　特定多数の受信者へは、以下の表現を用いることができます。
・Dear Customers「顧客の皆様へ」
・Dear Colleagues「同僚の皆さんへ」
・Dear Purchasers「購入者の方々へ」
・Dear International Students「留学生の皆さんへ」
・Dear Small Business Owners「スモールビジネスのオーナーの方々へ」

（7）本文の構成（Body）

　本文の構成については、第2章以降でじっくりと見ていきます。

第1章

「Eメールの構成」(p.2) に書かれた例文は、本文の基本的な構成を表わしています。

・いくつかのパラグラフを用いる
・要点をパラグラフごとにまとめる
・長すぎず、短すぎない（適切な長さにまとめる）
・左寄せで書く
・右端まで書かず、真ん中あたりで折り返す

　Eメールでは、文章は（本文を書くスペースが大きい場合には）「左端から書きはじめて、中央あたりで改行」します。
　日本語の文章も同じですが、右端までダラダラと続く文は、受信者が読みづらさを感じるからです。
　「左端から改行するまでの長さ」は、本書の例文で用いている長さを目安にしてください。Eメールの文章は、長くなるのであれば、縦に長くなっていくものです。

(8) 結辞 (Complimentary Close)

　結辞は以下のルールを押さえ、一般のビジネスEメールで頻繁に使われるいくつかのものを覚えておきましょう。
　結辞は、使用する敬辞により使い分けます。敬辞に人名を記していれば、Yours sincerely（イギリス式）または Sincerely yours（アメリカ式）を用います。
　人名を記していないとき、たとえば Dear Sir, Dear Madam, Dear Clients などと明記したときには、Yours faithfully（イギリス式）または Faithfully yours（アメリカ式）を使います。

　Regards, Best regards, Kind regards, Best wishes といった結辞は、「す

でに相手のこと［お互いのこと］を知っているとき」にだけ使用します。

(9) 署名欄 (Signature Block)

　Eメールの最後には、必ず自分の氏名と連絡先を記載します。住所、電話番号、ファックス番号、Eメールアドレス等を記載するのが常識的です。以下の順序で明記します。

****
Michiru ODA (Ms.)〔氏名〕
Manager〔役職〕
Industry Development Office〔所属部署〕
Central Japan Company〔会社名〕
3-12 Kurokabe, Higashi-ku,
Nagoya, Japan (469-9999)〔住所〕
Tel: +81-52-000-0000　Fax: +81-52-000-0000
〔電話・ファックス番号〕
Email: michiruoda@xxx.com〔Eメールアドレス〕
http://www.xxxxx.co.jp〔会社のURL〕
****

　氏名は、ラストネームを大文字にすることにより、それがラストネームであることを伝えます。必要に応じて(Mr.)(Ms.)などと記載することで、性別も伝えます。
　この署名欄の上に、自分の名前をサインとして書くこともできます。

第1章

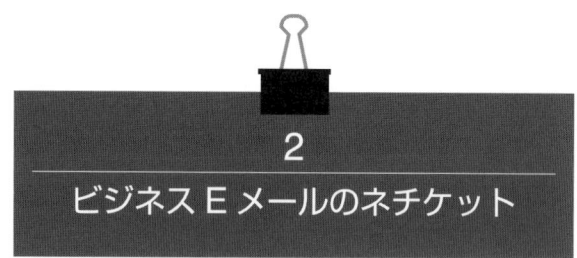

ビジネスEメールのネチケット

　ネチケット（Netiquette）とは、ネット（Net）とエチケット（Etiquette）を合わせた言葉で、インターネット上でのマナーを意味します。ここでは、ビジネスEメール通信のネチケットを見てみましょう。

(1) 文章語を使う

　ビジネスの通信文では、口語ではなく文章語を用います。本書の例文を参考にして常に文章語で丁寧なEメールを書きましょう。口語で書いても意味は通じますが、それはビジネスパーソンらしいEメール文章とは異なります。

(2) 丁寧な言葉遣いをする

　苦情を伝えるときも、度重なる間違いを指摘する場合にも、常に丁寧な言葉を選びます。要求する内容だけを乱雑に書いたりせず、客観的に見て「きちんとしたビジネス文章」であることを心掛けます。

(3) 読み手にやさしく

　Eメール通信は、読み手に配慮した書き方をします。自分にとってラクだという理由で、（たとえば）特定の注文について話し合っているのに、その注文番号を明記していない、という書き方はしません。
　返信する際に、件名をそのままにしておくべきか、変更すべきか、と

いった事柄にも配慮しましょう。

(4) 感情的な文章は書かない

送信した文章は、削除することができません。何らかの被害を受けた場合も、非常識な態度を取られたときも、相手を非難する文章は書かないようにします。

ビジネス文章では、実際に起こったこと、それにより陥った状態などの「事実」は述べますが、感情にまかせた文章を書くのは禁物です。受信したEメールの内容に穏やかでいられないときには、すぐに返信をせず、冷静になるまで時間を置きましょう。

(5) 期日を守る

返信などの期日は必ず守ります。戦略的にわざと返信までの日数を置くとき、いつ返答できるのか明確にわからないときには、いつまでに返答をするつもりなのかを事前に伝えておきます。

(6) テキスト形式を使う

ビジネスEメール通信では、テキスト形式を用いるのが常識的です。HTML（HyperText Markup Language）形式は容量が比較的大きくなるためです。

(7) 色の使用について

ビジネスEメールの文章では、本当に必要なとき以外は色の使用を控えます。色を使うことがビジネスに直接的なデメリットをもたらすわけではありませんが、それを好まない人もいることを覚えておきましょう。

色に対する感覚は、国によって異なります。たとえば赤色で注意事項を目立たせるような書き方は、傲慢な要求の仕方と受け取られることもありますから気を付けます。

(8) 強調したい部分の処理

特に注意を払ってほしいセンテンスなどがあれば、その前後にアンダーバー（_）を付けます。単語やセンテンスをクオート（" "）で囲む方法もあります。

(9) 大文字の文章について

英文Eメールで大文字を並べることは、大声で叫んでいること、怒っていることを意味します。大文字ばかりの文章は書かないようにしましょう。（見栄えを整えるために、故意にそうする場合を除いて、）特定の文字や、特定のセンテンスのサイズを大きくすることも同様に避けましょう。

(10) 省略形・擬音・変形文字について

Thanx（Thanksの省略形）、Aaaahhh...（安心したときの溜息の擬音）、☺、:-)（笑顔の変形文字）など、こうした遊びと捉えられかねない文字遣いは控えます。ビジネス上の親しい間柄でも、使わない方が無難です。

(11) 略語文字について

略語は、誰でも知っていそうなものだけを使用します。たとえば、
・ASAP（as soon as possible）　できるだけ早く
・FYI（for your information）　ご参考までに
・FAQ（frequently asked question）　よくある質問

これらの略語なら、おそらく受信者が誰であっても理解してもらえるでしょう。

　以下の略語になると、受信者によっては理解できないかもしれません。ビジネスライクに受け取ってもらえない可能性もありますから、積極的に使う必要はありません。
・ATM（at the moment）　現在のところ
・BTW（by the way）　ところで
・IMO（in my opinion）　私の思うには
・IOW（in other words）　別の言い方でいうと

　以下の略語は、文章のセンテンスの中ではなく、箇条書きをするような場合に、頻繁に使います。
・w/（with）　〜とともに、〜付き
・w/o（without）　〜なしで
・e.g.（for example）　例を挙げると
・i.e.（that is to say）　言い換えると、すなわち
・TBD（to be decided, to be determined）　追って決定する
・Re:（regarding）　〜について

（12）性差のない表現を用いる

　会話でも同じですが、今日 businessman は businessperson と、salesman は salesperson というのが普通です。stewardess、steward は flight attendant または cabin attendant と「性差のない、ユニセックス（unisex）な」表現を用います。以下は代表的なものですので、参考にしましょう。
・bellman, bellboy → bellhop
・chairman → chairperson
・fireman → firefighter

- policeman → police officer
- spokesman → spokesperson
- showman → performer
- tradesmen → tradespersons, tradespeople
- workman → worker, employee

(13) スペルチェックをする

　送信前には、Eメールソフトの機能を利用してスペルチェックをします。スペルミスが多いと、手を抜いているように見えるものです。誤解を生じさせないためにも、必ずスペルチェックをする癖をつけましょう。

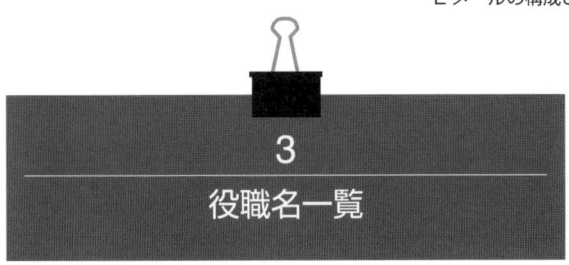

3 役職名一覧

代表的な記載例です。役職名は、会社や国により違いがあります。

最高経営責任者／CEO（Chief Executive Officer）
最高財務責任者／CFO（Chief Financial Officer）
最高情報責任者／CIO（Chief Information Officer）
最高技術責任者／CTO（Chief Technical［Technology］Officer）
最高総務責任者／CAO（Chief Administrative Officer）
最高会計責任者／CAO（Chief Accounting Officer）
最高広報責任者／CMO（Chief Marketing Officer）
最高執行責任者／COO（Chief Operating Officer）
最高コンプライアンス責任者／CCO（Chief Compliance Officer）
最高コミュニケーション責任者／CCO（Chief Communication Officer）

会長／Chairperson
副会長／Vice Chairperson
社長／President
代表副社長（複数名いる副社長の代表）／Executive Vice President
副社長／Vice President
専務／Executive（Managing）Director
常務／Senior Vice President
取締役／Member of the Board
監査役／Auditing Director, Auditor
相談役／Senior Adviser, Executive Adviser, Corporate Counselor

第1章

顧問／(Corporate) Adviser
支店長／Branch (Office) Manager
部長／General Manager, Department Manager, Director
副部長、部長代理／Assistant Department Manager
次長／Deputy Department Manager, Assistant General Manager
課長／Section Manager
課長補佐／Assistant Section Manager
係長／Subsection Chief
主任／Senior Staff
工場長／Plant [Factory] Manager
秘書／Secretary

第2章

英文ビジネスEメールの「書き方の原則」と「例文サンプル10」

1. 書き方の原則
2. 例文サンプル10

例文は、そのまま使えるものばかりです。本章の解説を理解しておくと、これからの英文ビジネスEメールの作成がラクになります。

第2章

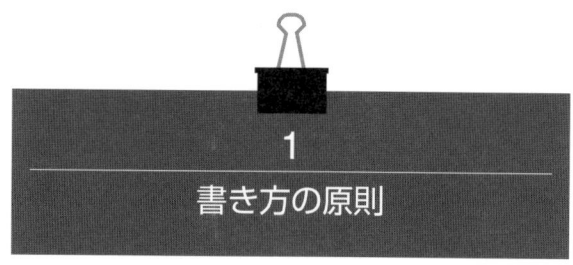

1
書き方の原則

　ここでは、英文ビジネスEメールを書くときの原則となる事柄を見てみましょう。

英文Eメールは、日本語で書いた文章を英訳するものではない

　「上司が日本語で文章を書いて、それを部下が英訳する」。企業などではよく行なわれていることですが、これは私たちの目指す「英文ビジネスEメールの書き方」ではありません。日本語文章と英語文章では、多くの場合スタイルが異なります。たとえば、日本語文章は、肝心な用件を文章の後半に持ってくることがあるのに対して、英語の文章では、用件を先に述べる傾向があります。したがって英訳が上手くできても、英文Eメールとして洗練されたものにはなりにくいことが多いのです。

　「上司が日本語で文章を書いて、それを部下が英訳する」のは、ムダも多い作業です。上司が一度文章を仕上げ、それを部下が翻訳するのですから、1通のEメールを書くのに、本来必要なよりも2倍のリソースと時間を要します。

　上司は、部下にEメール作成を依頼するのであれば、伝えたいポイントを日本語で箇条書きにして渡すか、口頭で伝え、部下にメモを取らせるべきです。それを部下が英文ビジネスEメールとしてスパッと仕上げるのです。

　自分一人の作業ならば、ポイントを簡単にメモしておき、それを日本語で下書きなどせず、英文ビジネスEメールとしてサッと書き上げます。これが私たちの目指す「英文ビジネスEメールの書き方」です。

「そんなことをいっても、それができないんじゃないか」

こう思われるかもしれません。しかし、このスキルを身につけるのは難しくありません。では、どうすれば、それが簡単にできるようになるのでしょうか。

その答えは、お手本を写すことです。

日本語で季節のあいさつ状をサッと書ける人は、お手本、つまり例文を写したことがある人です。何度か写すうちに、自分流のアレンジもできるようになり、様式を押さえた上手なあいさつ状が書けるようになります。

例文を写したことがない人、ましてや例文を見たことがない人は、日本語がわからないわけでもないのに、書くことができないか、あいさつ状としての様式を押さえた書き方ができないままです。

英文ビジネスEメールもまったく同じことです。例文を見たことがない場合、写したことがない場合は、英語がわかっても、ビジネス文章は上手く書けないものです。

本書の例文の中から、参考にしたいもの、書きたい文章と似たものを探してください。それを写しているうちに、正しい英文ビジネスEメールの書き方がわかり、「英文ビジネスEメールとしてサッと仕上げるスキル」が身に付きます。本書の例文の多くには、決まり文句をふんだんに取り入れ、構成の取り方に関する説明も加えています。必ず参考になるでしょう。

英文は、自分で考えてつくり上げるものではありません。英文は、自分で考えると書けなくなります。ビジネス文章なら尚更のことです。私たちは、例文を写しているうちに、どう書けばいいのかがわかり、実際に書けるようになっていくのです。

以下は、英文ビジネスEメールを作成するにあたり、前提として知っておきたい事柄です。

(1) 1通に1件のテーマ

Eメールには、1通に1件の用件を書いて送信します。受信者に対して、たとえば「商品Aについて」と「取扱商品全般の値上げについて」という2つのテーマを連絡する必要がある場合には、それぞれのテーマで2通のEメールを作成します。Eメールは、同じテーマについて送受信を繰り返すことがあるため、「1通に1件のテーマ」が、受信者にとっても、送信者にとっても、最も管理しやすいものです。

(2) 追伸の使い方

追伸（postscript / PS. または PS と記す）は、必要に応じて文末に用います。追伸は、「本文の内容とは別の簡単なメッセージ」を書くために使います。本文の内容をサポートするような事柄を書くものではありませんから注意しましょう。

PS. The samples arrived this morning. Thank you so much.
といった書き方をします。

(3) パラグラフを用いる

Eメール文章は、パラグラフを使って書きます。パラグラフに伝えたいポイントを挿入して、文章を構成します。（第1章「1. Eメールの構成」(p.2) の例文には、3つのパラグラフがあります。）

第2、3章では、パラグラフの使い方、パラグラフによる文章構成の仕方をたくさん紹介していますから、参考にしてください。

(4) 用件をはっきりと伝える

　英文ビジネス E メールでは、できるだけ文頭で用件をはっきりと伝えます。あいさつ文から書きはじめる場合や、戦略的に用件を文章の後半に述べたい場合は別ですが、極力 1 つ目（または 2 つ目）のパラグラフで用件をはっきりと述べるのが普通です。たとえば「商品価格の割引を求めたい」「要求を受け入れられない」など、日本語の文章であれば文章の後半に書くかもしれない用件も文頭に書きます。そして、その後に理由や条件などを述べるパラグラフを続けます。
　用件をはっきり伝えるといっても、丁寧な言葉と表現は忘れないようにします。

(5) 十分な説明をする

　E メール文章は、相手に読んでもらうものですから、理由や状況なども含む「説明」は不十分にならないよう気を付けます。客観的に見て「簡単すぎる文章」「不完全な文章」は禁物です。

(6) あいさつを割愛するときでも...

　頻繁に送受信する相手とは、あいさつを割愛するか、簡単なあいさつ文だけを用いますが、いつでも会社（または事業）を代表した文章であることを意識して、文章そのものは丁寧に書きます。

(7) 決まり文句を使う

　書き出し、文中、結びで、決まり文句＝構文を用います。これらを使うことで、書き手は文章作成が容易になり、受け手にも読みやすくなります。本書では決まり文句を至るところで紹介していますので参考にしてください。

以下は、いくつかの注意点です。併せて見ておきましょう。

(8) 年月日の表記

　文中に年月日を書く際には、以下のアメリカ式かイギリス式いずれかの方式を用います。
　○ April 2, 2015（アメリカ式）
　○ 2 April 2015、2 April, 2015（イギリス式）
　× 4/2/2015
　× 2015/2/4
　月数はアルファベットで表記します。年月日の表記の仕方は国により順序が異なるため、月数を数字で表記すると、4月2日を2月4日と受け取られてしまうことがあります。また、ビジネス文章では、月数は略すことなく（Apr. とはせず）、April とスペルアウトします。

(9) 日にちの序数表記

　イギリス式では、日にちを序数（1st, 2nd など）で表記することがあります。
　例: 2nd April 2015

(10) 時間の表記

　時間は、午前 11 時の場合、
　○ 11 am
　○ 11:00
と記します。11:00 am とは書きませんので注意しましょう。

(11) 日時はわかりやすく表記する

　ビジネス通信では、「来週の火曜日」と伝える場合には、日付を合わせて書くのが常識的です。Next Tuesday と書くのではなく、(たとえば) May 12, Tuesday と記載します。あくまでも読み手にやさしい伝え方を心掛けます。

(12) 数字は 12 までスペルアウトする

　文中で数字を書くときには、(便宜上アラビア数字を用いる場合を除いて) one から twelve はスペルアウトして書き、13 からは数字で表記するのが普通です。

(13) 添付ファイルについて書く

　ファイルを添付して E メールを送信する際には、文章の最後に、添付したファイル名とソフトウェアの種類を書きます。ビジネスレター(E メールでない紙のビジネスレター)では、文末に同封物について記載をしますが、それと同様の仕上げ方です。
　Attached: Weekly report (Excel file)

第2章

本節では、英文ビジネスEメールを10例紹介します。
各例文には、

・日本語訳
・Words & Phrases（単語と熟語の説明）
・パラグラフ構成（パラグラフ構成の仕方に関する説明）
・Words & Phrases プラス（構文や言葉遣いのコツ）

があります。

　これらの例文は、2～5つのパラグラフを用いたプラクティカルなビジネスEメール文章です。ここで紹介する文章構成のコツを押さえれば、ビジネスEメールは要領よく書き上げることができます。

　例文の内容は、以下の通りです。

（1）　ミーティングを設定する
　　　Setting Up a Meeting
（2）　苦情に応える
　　　Responding to a Claim
（3）　値上げを通知する
　　　Informing of a Price Rise
（4）　お礼を伝える
　　　Expressing Thanks

（５）　納期の遅れを伝える
　　　　Informing of a Delivery Delay
（６）　提案をする
　　　　Making a Suggestion
（７）　電話で話したことを確認する
　　　　Confirming a Telephone Conversation
（８）　自社紹介をする
　　　　Introducing Your Company
（９）　苦情を伝える
　　　　Making a Claim
（10）　注文書の間違いを指摘する
　　　　Pointing Out Mistakes on an Order Form

第2章

(1) ミーティングを設定する

Dear _____

The annual meeting of the HR department will be held in room A2 at 13:00 on Thursday, January 15th.

Please review the attached agenda and let me know if there are any other items that should be discussed at the meeting. If you have any particular topic you would like to discuss, please notify me before January 10th.

Please note that you must attend. You should discuss it with me first if you have to miss the meeting for any reason.

Regards,

Words & Phrases

annual 年次の、年に1度の／HR (Human Resources) 人的資源、人事／department 部、課／hold 開催する、行なう／review 調べ直す、見直す、よく見る／attached 添付の／agenda 協議事項、議題／item 事項、品、品

Setting Up a Meeting

英文ビジネスEメールの「書き方の原則」と「例文サンプル10」

人事部の年次ミーティングは、1月15日木曜日午後1時、A2室で開催されます。

添付の協議事項をご覧になり、他にこのミーティングで話し合うべき事柄があればお知らせください。協議したい特定の事柄があれば、1月10日より前に通知してください。

出席は必須です。何らかの理由で欠席しなくてはならない場合には、まず私に話してください。

目/discuss 論議する、相談する/particular 特定の/notify 知らせる/note ～ ～であることに気付く、～するように注意する/attend 出席する/miss 逃す、欠席する

第2章

パラグラフ構成

　簡単な連絡事項を伝えるEメールです。どのような構成で書かれているか見てみましょう。パラグラフは3つで構成されています。

> パラグラフ1　ミーティングの開催日時、場所
> パラグラフ2　添付資料
> 　　　　　　他にテーマは？　あれば、期限は1月10日より前
> パラグラフ3　出席は必須

　これらが、それぞれのパラグラフに書かれたポイントです。
　パラグラフ1は、最も肝心な「開催日時」と「場所」を伝えています。
　パラグラフ2は、添付資料があることなど「パラグラフ1の次に述べるべき事柄」を、パラグラフ3は、出席と欠席について述べています。
　これらをどんな順番で書いても用件は伝わりますが、こうして順序を意識して仕上げることが大切です。思い付くまま書き綴るのではなく、パラグラフごとに要点を入れて構成を取ります。（読むときもパラグラフごとにポイントを読み取っていきます。）
　このEメールでは、パラグラフ3で出席は必須であることを伝えています。これが2つ目のパラグラフに書かれていると、少しきつい印象を与えるかもしれません。こうした感覚は人により異なりますが、どういう構成が適切なのか十分に考えながら仕上げましょう。

Words & Phrases プラス

■ Ordinal 序数
序数は Ordinal または Ordinal number といいます。例文中には、15th と 10th が登場します。これらは、15th や 10th と表示することもあります。どちらかに統一して使うようにしましょう。少なくとも１つの E メールの中では、そろえるようにします。

■ please
例文には、3 ヵ所に please と書かれています。please は、特別に丁寧な表現というよりは、ビジネス E メール（および英文レター）では使うのが常識と考えておきましょう。使いすぎると、丁寧すぎるということになりますが、どの程度用いるものなのか、例文から感覚的に捉えてください。

■ Please note that ～
「～という点に留意してください」という意味を表わします。こうした構文が E メールをビジネス E メールらしくします。例文中の Please note that you must attend. は、「出席は必須です」と訳してありますが、直訳すれば「出席しなくてはならないことに留意してください」となります。

★覚えておきたい《決まり文句》
If you have to miss the meeting,
「欠席しなくてはならない場合には」

miss the meeting が「自分の意思とは裏腹に出席できない」という意味を持っています。それを have to ～「～しなくてはならない」と組み合わせた表現です。

(2) 苦情に応える

Dear _____

Thank you for your recent note. I apologize for not answering earlier and am very sorry that you are not satisfied with your purchase.

Because we mostly employ students and part-time employees, sometimes our shipping department makes mistakes. By way of an apology, I can offer you either a 50% refund if you keep the item and provide us with the precise order date and order number or a 100% refund if you return it to the following address:
P.O.BOX 234
Tokyo, Japan 100-0000

Please include the order number either inside or outside the package. We cannot process your refund without the order number attached to the returned item. The refund will be credited to your credit card.

We are very sorry for the inconvenience.

Yours sincerely,

Words & Phrases

recent 近頃の／apologize 謝る／earlier より早く／satisfy 満足させる／purchase 購入／mostly ほとんど、たいてい／employ 雇用する／shipping 輸送、出荷、船積み／department 部、課／(by) way of ～ ～の方法(として)／apology お詫び／offer 申し出る、提案する／either A or B AかBのいずれか、AかB／refund 払い戻し／item 事項、品、品目／provide 供給

英文ビジネスEメールの「書き方の原則」と「例文サンプル10」

Responding to a Claim

先頃のメッセージをありがとうございました。もっと早くお返事できませんでしたことをお詫びいたします。また、ご購入に関してご満足いただけず申し訳ございません。

私どもは、主に学生とアルバイト従業員を雇用しており、出荷部門が時折ミスをおかしております。お詫びの方法として、もし商品をそのまま保有されるのでしたら、正確な注文日と注文番号をお教えいただき、50%の返金、あるいは下記住所へご返品いただき、100%の返金をさせていただきたく存じます。
私書箱234
東京、日本 100-0000

パッケージの中もしくは外に注文番号をご記載ください。ご返品の商品に注文番号が付いていない場合には、返金の手続きをいたしかねます。返金はあなた様のクレジットカードに対して行なわれます。

ご不便をお掛けして誠に申し訳ございません。

---✂

する、与える／precise　正確な／following　下記の、次の／P.O.BOX (Post Office Box)　私書箱／include　含む、含める、算入する／process　処理する、(業務を)進める／attached to 〜　〜にくっ付いた、〜に添付の／returned　戻って来た、返品された／credit　振り込む、入金する／inconvenience　面倒、不便、不都合

29

第2章

パラグラフ構成

　苦情に対して、失敗を詫び、対処について述べるEメールです。読み手が理解しやすい書き方をする必要があります。

```
パラグラフ1　お詫びの言葉
パラグラフ2　失敗の原因
　　　　　　対処方法
パラグラフ3　注意事項のお願い
パラグラフ4　再度お詫びの言葉
```

　大まかな構成は上記の通りです。もう少し細かな構成を見てみましょう。

```
パラグラフ1　お詫びの言葉
　　　　　　　苦情を受け取りました
　　　　　　　もっと早くお返事できず申し訳ありません
パラグラフ2　失敗の原因
　　　　　　　学生とアルバイトが多いため
　　　　　　対処方法
　　　　　　　返品しない場合50％返金
　　　　　　　返品の場合100％返金
　　　　　　　返品先
パラグラフ3　注意事項のお願い
　　　　　　　注文番号を必ず教えてください
　　　　　　　返金はクレジットカードへ
パラグラフ4　再度お詫びの言葉
　　　　　　　本当に申し訳ありませんでした
```

Eメールを書きはじめる前には、こうしてメモで構成を練ることが必要です。Eメールに書くべき事柄を羅列し、それらをパラグラフに組み込んでいくのがコツです。

　苦情に対してお詫びを述べるときには、この例文のように、まずはお詫びの言葉を述べ、なぜ失敗したのか理由を説明し、対処方法について書きます。その後、顧客にお願いしたいことがあれば別のパラグラフで言及し、最後にもう一度お詫びの言葉を述べます。

　この文章の場合、パラグラフ2の「失敗の原因」が長くなれば、「対処方法」に別のパラグラフを用いることもできます。

Words & Phrases プラス

■ Thank you for your recent note.
　recent は「近頃の」、note は「(主に用件だけが書かれた)短い手紙」のことをいいます。受け取ったのは苦情のEメールですが、それを「苦情」とは呼ばずに、note と呼んでいます。

★覚えておきたい《決まり文句》
By way of an apology,
「お詫びの方法として」

　具体的なお詫びの方法を述べるときに、覚えておくと便利な表現です。

(3) 値上げを通知する

Dear _____

With effect from 1st September 2015, we are revising our product prices. Although we have tried to avoid this, unfortunately we will have to raise the prices of some of our products by 5%. This is because the cost of our import materials from China has increased by over 15% in the past six months and we are no longer able to absorb this rise in material cost.

Our new price list will be sent to you in the middle of August. Please note that the current prices will be applied to any orders placed between now and September 1.

I hope you will understand why this price increase is necessary and thank you for your continued custom.

Yours sincerely,

Words & Phrases

with effect 効力を持って／revise 改定する、見直す／although ～ ～だけれども／avoid 避ける／unfortunately 残念ながら、不幸なことに／raise （値段などを）上げる／material 材料、原料／increase 増える／no longer もう～ない／able to do ～することができる／absorb 吸収する、受け入れる／

Informing of a Price Rise

2015年9月1日より、弊社は製品価格を改定いたします。弊社ではこの改正を避けるよう努めましたが、残念ながら製品のいくつかの価格を5％値上げせざるを得ません。これは過去6ヵ月間に中国からの輸入材料のコストが15％以上も増したことにより、この材料価格の上昇をこれ以上吸収することができないのが原因です。

弊社の新しいプライスリストは、8月中旬に送付されます。現行の価格は、現在から9月1日までにいただく、すべての注文に適用いたします。

この価格上昇が必要であることをご理解いただけることを願います。今後ともお引き立てのほど、よろしくお願いいたします。

---

rise　上昇、増加／current　現在の／apply　適用する／order　注文／place（注文を）出す／necessary　必要な／continued　継続した／custom　愛顧、引き立て

第 2 章

パラグラフ構成

　製品の値上げを通知する E メールです。伝えにくい内容ですが、要点を明確にまとめる必要があります。3つのパラグラフで構成されています。

> パラグラフ１　値上げをすること
> 　　　　　　　その理由
> パラグラフ２　新しいプライスリスト
> 　　　　　　　9月1日までの注文について
> パラグラフ３　儀礼的あいさつ文

　パラグラフ１のはじめの行で、価格の改定（値上げ）について述べています。続いて、
・この値上げを回避するよう努めたこと
・値上げに踏み切った原因
に言及しています。
　パラグラフ２は、値上げに関連した事務的な事柄です。パラグラフ３は、儀礼的といえるあいさつ文で締めくくっています。
　オフィシャルな通知ですから、受け取った相手の顔色を伺うような文章は書かないようにします。その必要があれば、こうした通知文とは別に、事前に協議しておきます。
　日本語の通知文の場合には、あいさつ文からはじまり、仕入れコストの変動、値上げ回避の努力をしてきたことに触れ、それから値上げについて述べるのが一般的です。しかしながら、英文の場合には、こうして重要なポイントから先に述べるのが特徴です。もちろん故意に重要ポイントを後半に述べることもありますが、「重要ポイントは、はじめに書くのが基本」と覚えておきましょう。

Words & Phrases プラス

■ unfortunately

「残念ながら」「不幸なことに」という意味で、喜ばしくないことを伝えるときに使います。ビジネス通信文では頻繁に用います。形式的に添える言葉ですが、こうした一言があるかどうかで文章の印象が変わってきます。よい知らせのときは、fortunately「ありがたいことに」「幸運にも」を使います。

■ This is because ～

「これは～という理由によるものです」。例文では、値上げについて述べ、その理由を説明するために用いています。使いこなせると便利な構文です。
This is because we now have a new computer system.
　「これは、現在弊社に新しいコンピュータシステムがあるからです」
This is because our people are well trained.
　「これは、弊社の従業員がよく訓練されているためです」

■ between now and ～

「現在から～までの間」と述べるときに使います。例文では、any orders placed between now and September 1（現在から9月1日までのすべての注文）と使われています。

★覚えておきたい《決まり文句》
With effect from 1st September 2015,
「2015年9月1日から効力を持って」

　正式な案内で、(それが)いつから効力を持つのかを伝える際に使います。こうした案内では、月日に加えて年号を入れるようにします。

(4) お礼を伝える

Dear _____

We received the delivery of the new product KL16 earlier today and have already sent it to our customers. I just wanted to thank you and all the staff who have helped to meet the rather tight delivery schedule.

Whenever a new product is launched we want to get it out to our customers as soon as possible. In this instance, the marketing campaign has to tie in with our customers' summer bargains and we've managed to get a great start.

Your assistance was vital in helping us meet our deadline and is greatly appreciated. Thank you again for your help.

Yours sincerely,

Words & Phrases

receive 受け取る／delivery 配送／already すでに／meet 上手く対処する、間に合わせる、(要求を)満たす／rather いくぶん／tight きびしい、余裕のない／whenever ～するときはいつでも／launch 売り出す／as soon as

Expressing Thanks

本日先頃、新製品 KL16 の配送を受け、すでに弊社の顧客へ送付しました。このきびしい配送のスケジュールに間に合うよう手助けしてくださったあなたと御社のスタッフの皆様へお礼を申し上げます。

新製品が売り出されたときは、いつでも顧客へできるだけ早く供給したいものです。こうすることで、(今回も)マーケティング・キャンペーンが顧客のサマーバーゲンと結びつき、弊社もすばらしいスタートを切ることができました。

御社の支援は、弊社が締め切り期限を守るのに必要不可欠でした。たいへん感謝しております。ご支援に再度お礼申し上げます。

---

possible　できるだけ早く／instance　場合／tie in with ～　～と結び付く／assistance　援助／vital　不可欠な、とても重要な／deadline　締め切り／greatly　たいへん、非常に／appreciate　感謝する

第 2 章

パラグラフ構成

　お礼を伝える E メールです。フォーマルな礼状というよりは、日常的に取引関係のある会社へ送る「ちょっとしたお礼のメモ」です。少し無理をお願いして、それを聞いてもらえたようなケースに書く文章です。以下のような構成です。

パラグラフ1　配送を受け、顧客へ届けました
　　　　　　ご無理をお願いしました
パラグラフ2　こうした成果がありました
パラグラフ3　再度お礼申し上げます

　手助けしてもらったことの詳細を書き連ねるよりは、「手助けしてもらった後の状況」「成果」「感謝していること」を手短に書きます。手助けしてもらったのですから、その後どうなったのかは、きちんと伝えたいところです。
　この E メールは、パラグラフ1だけで終わらず、パラグラフ2で「成果」を述べることで、相手にしてもらったことがどのような意味を持つのかを伝えています。それにより、両社の協力関係の重要さにも触れています。
　パラグラフ3では、再度お礼を述べて締めくくります。そうすることで、全体的にバランスのとれた文章になります。
　こうした「ちょっとしたお礼のメモ」が関係を円滑にするものです。「ちょっとしたメモ」だからといって、用件を思い付くまま羅列することなく、丁寧な構成を意識します。

Words & Phrases プラス

■ earlier today

「今日の(今現在よりも)早い時間で、(おそらく)直前ではない時間」を表わします。earlier this week といえば「今週の(今日よりも)前の日で、(おそらく)昨日ではない日」です。厳密に定義できませんが、おおよそこのくらいの感覚で捉える表現です。

later today は「今日の(今現在よりも)遅い時間」、later this week なら「今週の(今日よりも)後の日」になります。

■ I just wanted to thank you.

「ただ〜だけ、ちょっと」の意味の just を加えることで、「少しお礼を述べたいのですが[述べたいだけですが]」というニュアンスを与えることができます。

★覚えておきたい《決まり文句》

Thank you again for your help.
「ご支援に再度お礼申し上げます」

助けてもらったことに対して、お礼を述べる文章を締めくくる決まり文句です。
注文を受けたことを確認する文章では、Thank you again for your order.
親切にしてもらったことに感謝する文章では、Thank you again for your kindness. などとします。

（5）納期の遅れを伝える

Dear _____

This is to inform you that we are unfortunately not able to deliver your order number 123 by December 3.

We will have the ordered goods by December 15 and will deliver to you as soon as the shipment is ready. This delay is due to the missing components from one of our supplier. They are rushing their shipment to us so that we can deliver your order as soon as possible.

Please accept our apology for this delay. We thank you for your understanding in advance.

Sincerely yours,

Words & Phrases

inform　通知する、知らせる／unfortunately　残念ながら、不幸なことに／able to *do*　～することができる／deliver　配達する、届ける／as soon as ～　～したらすぐに／shipment　出荷／delay　遅延、遅れ／due to ～　～が原因で／missing　（あるはずなのに）ない、（いるべきなのに）いない／component　構成

Informing of a Delivery Delay

これは、ご注文番号 123 を 12 月 3 日までには、残念ながらお届けできないことをお伝えするものです。

弊社は、12 月 15 日までにご注文商品を準備し、出荷が整い次第、配送いたします。この遅延は、弊社のサプライヤーの 1 社が構成部品を持ち合わせていないのが原因です。彼らは、弊社がご注文をできるだけ早く配送できるように、弊社への出荷を急いでおります。

この遅延についてお詫び申し上げます。前もって、ご理解に感謝いたします。

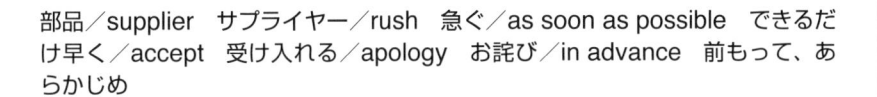

部品／supplier　サプライヤー／rush　急ぐ／as soon as possible　できるだけ早く／accept　受け入れる／apology　お詫び／in advance　前もって、あらかじめ

第2章

パラグラフ構成

納期が遅れることを伝える E メールです。

パラグラフ1　納期が遅れることについて
パラグラフ2　対応策
パラグラフ3　お詫びの一文

まずは「納期が遅れること」を先に述べ、それから「どのような対応をするつもりなのか」を書いています。ここまでの構成が取れたら、この構成に詳細を組み込んでいきます。

パラグラフ1　納期が遅れることについて
　　　　　　　注文番号、約束した期日
パラグラフ2　対応策
　　　　　　　12月15日までに準備、出荷する
　　　　　　　遅延の理由、サプライヤー
パラグラフ3　お詫びの一文
　　　　　　　お詫び

　パラグラフ1には、顧客の注文番号やはじめに約束した期日を記載し、「何の件か」をはっきりと述べます。パラグラフ2では、遅延の理由や対応策を具体的に述べます。パラグラフ3では、丁寧にお詫びを述べています。

　約束を守れないという内容ですから、申し訳なさが先に立ち、いたるところにお詫びの言葉を入れてしまいがちですが、全体的に丁寧さを保ちながら、「どういう状況になっているのか」を明確に伝えることが肝心です。

Words & Phrases プラス

■ This is to inform you that ～

「これは、あなたに～をお伝えするものです」。ビジネス文章で頻繁に使う構文です。例文の用件は、この構文がなくても同様の意味が伝わりますが、This is to inform you that ～ を用いることで、ビジネス文章らしい丁寧な表現になります。

■ rush

「急ぐ、急いで～する」。覚えておくと便利な言葉です。Please rush my order. といえば、「急いでつくってください」「早く納品してください」という意味になります。

■ so that

so that は、that を省略して so とだけ書くこともあります。例文では、2つの文をつないで、「(so that 以下)のために」という意味を表わしています。
. . . so that we can deliver your order as soon as possible.
「弊社がご注文をできるだけ早く配送できるように」

★覚えておきたい《決まり文句》

Please accept our apology for this delay.
「この遅延についてお詫び申し上げます」

納期の遅れが発生したときに使います。直訳すると、「どうか遅延に対するお詫びを受け入れてください」という意味で、丁寧な言い回しです。

Please accept our apology for the inconvenience. といえば、「ご不便をお掛けして申し訳ございません[ご不便に対するお詫びを受け入れてください]」という意味です。

(6) 提案をする

Dear _____

Thank you for your inquiry of October 20 regarding our printer GU-100.

Although we have no current problem supplying you with 100 sets of the GU-100, at a cost of $80 each, we regret that this model may be discontinued within the next few months.

According to your email you are going to print your own flyer featuring the GU-100 for your promotion. However, as an alternative we would recommend the GU-220 as your promotion item.

As we explained in our email of October 18, the price of the GU-220 is higher than the GU-100; therefore, we would like to offer you a 5% promotional discount on the GU-220 for the next 6 months if you choose to take this model as your featured promotional item.

We look forward to hearing from you.

Yours sincerely,

Words & Phrases

inquiry 問い合わせ、質問／regarding 〜　〜について／although 〜だけれども／current 現在の／supply 供給する／regret 残念に思う／discontinue 生産中止にする／within 〜以内に／a few 2、3の／according to 〜　〜によ

Making a Suggestion

弊社のプリンター GU-100 について、10月20日のお問い合わせをありがとうございました。

現在 GU-100 を 100 セット、それぞれ 80 ドルで供給することに問題はありませんが、このモデルは、残念ながら 2、3 ヵ月以内に生産中止になりそうです。

あなたの E メールによると、プロモーションのために GU-100 を載せたチラシを印刷されるとのことですが、弊社は、プロモーション商品として、代わりに GU-220 をお薦めいたします。

10月18日の E メールでご説明した通り、GU-220 の価格は GU-100 よりも高いため、このモデルを御社プロモーションの目玉商品として選んでいただければ、6 ヵ月間は 5% のプロモーション割引を差し上げたく存じます。

ご返事いただけることを楽しみにしております。

れば／flyer　チラシ／feature　目玉にする、大々的に扱う／however　しかしながら／alternative　代替案、選択肢／recommend　薦める、推薦する／therefore　それゆえに、したがって／offer　提供する／choose　選ぶ

パラグラフ構成

　製品に対する問い合わせを受け、提案をする(別のモデル GU-220 を薦める)E メールです。

```
パラグラフ1　問い合わせへのお礼
パラグラフ2　GU-100 の状況
パラグラフ3　GU-220 を薦めたい
パラグラフ4　GU-220 のメリット
パラグラフ5　結びの一文
```

　パラグラフ1で「問い合わせへのお礼」、パラグラフ2で「GU-100 の状況」を述べてから、パラグラフ3と4でGU-220 を薦めています。肝心な用件は文章のはじめに述べるのが原則ですが、これは順を追った説明が必要な文章の例です。

　ここまでの構成が取れたら、各パラグラフに詳細を組み込んでいきます。

```
パラグラフ2　GU-100 の状況
　　　　　　　現在の供給に問題はない
　　　　　　　しかし、2、3ヵ月で生産中止に
パラグラフ3　GU-220 を薦めたい
　　　　　　　GU-100 チラシ印刷
　　　　　　　代わりに GU-220 を
パラグラフ4　GU-220 のメリット
　　　　　　　割高だが
　　　　　　　6ヵ月間 5% 割引
```

　このように伝えたいポイントを整理して、文章を作成します。パラグラフ3と4は、1つにまとめても差し支えありませんが、読みやすさに配慮して2つに分けています。

Words & Phrases プラス

■ regarding ～

「～について」と述べる際に使います。例文には Thank you for your inquiry of October 20 regarding our printer GU-100. という文が出てきます。October 20 と our printer GU-100 の部分を、状況に応じて他の単語に置き換えて使いこなしましょう。

　文頭に regarding を用いることも多くあります。
Regarding our printer GU-100, please be informed ～
　「弊社のプリンター GU-100 について、～をお知らせします」
などとして使います。

■ We regret that ～

「～を残念に思います」。「(3) 値上げを通知する」(p. 32) で紹介した unfortunately と同様に、好ましくないことを伝えるときに使います。こうした構文が、E メールをビジネス文章らしくします。

■ According to your email

　「あなたの E メールによると」。according to ～ (～によれば) を文頭で用いると便利です。
According to the proforma invoice
　「そのプロフォーマ・インボイスによれば」
According to his explanation
　「彼の説明によると」

★覚えておきたい《決まり文句》

As we explained in our email of October 18,
「10 月 18 日の(私たちの)E メールで説明した通り」

　主語と日付の部分を変えて、そのまま使いましょう。

(7) 電話で話したことを確認する

Dear _____

As a confirmation of our phone discussion, the following is a list of proposed discussion topics for our meeting next week:
-New product XI series' sales / promotion update
-Year 2013 promotion plan / budget
-New product development (hair-spray)

As discussed, can you please forward product details for the XI-101 and XI-200 including estimated availability so that my manager and I can discuss these items prior to our meeting.

Best regards,

Words & Phrases

confirmation　確認／discussion　協議、話し合い／following　下記のもの／propose　提案する／update　最新情報／budget　予算／development　開発／as discussed,　論議したように、相談したように／forward　送る、転送す

Confirming a Telephone Conversation

電話でのお話の確認として、以下は来週のミーティングで協議したい事柄の一覧です。
—新製品 XI シリーズの販売、プロモーションの最新情報
—2013 年のプロモーション計画、予算
—新製品開発(ヘアスプレー)

お話ししました通り、マネジャーと私がこれらの事柄について、ミーティングの前に話し合いが持てるよう、XI-101 と XI-200 の発売予定を含む製品の詳細をお送りください。

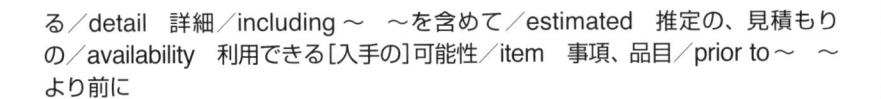

る／detail 詳細／including ～　～を含めて／estimated　推定の、見積もりの／availability　利用できる[入手の]可能性／item　事項、品目／prior to ～　～より前に

パラグラフ構成

　電話で話したことを確認するためのEメールです。念を押すためのEメールでもあります。大きく2つのパラグラフで構成しています。

```
パラグラフ1　ミーティングで協議したい事柄
パラグラフ2　事前に製品情報をお送りください
```

　ここに詳細を組み入れます。

```
パラグラフ1　電話でのお話の確認です
　　　　　　 ミーティングで協議したい事柄
　　　　　　　　　新製品...
　　　　　　　　　プロモーション...
　　　　　　　　　新製品開発...
パラグラフ2　事前に製品情報をお送りください
　　　　　　　　　XI-101、XI-200　発売予定
　　　　　　　　　マネジャーと話し合いをしておきます
```

　電話で話したことは、必要に応じて、このようにEメールで「書いて確認」します。依頼したことを間違いなく実行してほしいときは、必ずこのようなEメールを送るとよいでしょう。依頼事項が多いと、漏れが生じることがあるためです。

　「書いて確認」する際には、ポイントを明確にするために、パラグラフ1のように箇条書きを用いるのが便利です。内容によっては、それぞれに番号を付けることもできます。追って連絡を取り合うときには、それが役立ちます。

Words & Phrases プラス

■ Can you please forward ~

　例文で使われている forward は「送る、転送する」という意味で、代わりに send、email を使っても同じ意味を表わします。強いていえば、forward には「(ある場所から別の場所へ)回す」というニュアンスがあります。

■ 疑問符について

　本書の例文には、(上記の Can you please forward ~ も含めて) 疑問文でも疑問符 (question mark) を付けていないものがあります。疑問文には疑問符を付けるものですが、特にビジネス文章では、慣行的にあまり多くは使わない傾向があるためです。

■ my manager and I

　「自分と他人」がいる場合には、「他人」、「自分」という順序で述べるのが普通です。自分のことを先に述べて、故意に強調するケースもありますが、そうでない場合は、この順序を守ります。
My colleague and I (同僚と私)
Our customers and we (お客さまと私たち)

★覚えておきたい《決まり文句》

As a confirmation of our phone discussion,
「(私たちの)電話でのお話の確認として」

　電話で話したことを確認する E メールを書くときには、いつでもそのまま使えます。

(8) 自社紹介をする

Dear _____

We heard about your interest in purchasing factory machines at JETRO (Japan External Trade Organization). Please let me tell you a little bit about our company.

CDE Inc. is one of the biggest manufacturers of assembling machines for automobile and electronic components. Our company is a member of the ABC Group.

Today, our export area extends from Asia to Europe. We can offer more than 50 different machines to meet our clients' requirements. We also produce custom-made machines and provide them to over 200 manufacturing factories all over the world. Please visit us at http://www.xxxx.com.

I hope to hear from you soon.

Yours faithfully,

Words & Phrases

purchase　購入する／JETRO　ジェトロ（日本貿易振興会）／manufacturer　製造業者／assembling machine　組立機／automobile　自動車／electronic　電子の／component　構成部品／extend　広がる、拡大する／offer　提供する／meet　上手く対処する、間に合わせる、（要求を）満たす／client　顧客／

Introducing Your Company

私どもは日本貿易振興会で、御社が工場機械の購入に関心をお持ちだと伺いました。弊社について、少しお話をさせてください。

CDE 社は、自動車部品と電子部品の組立機の最も大きな製造業者の 1 つです。弊社は、ABC グループの一社です。

今日、弊社の輸出エリアは、アジアからヨーロッパまで広がっています。顧客の要求に見合う 50 種以上の異なる機械を提供することができます。弊社は、カスタムメイドの機械も製造し、世界中の 200 以上の製造工場へ供給しています。どうぞ http://www.xxxx.com をご覧ください。

近いうちに、ご連絡いただけましたら幸いです。

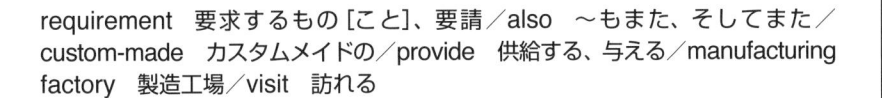

---

requirement　要求するもの [こと]、要請／also　〜もまた、そしてまた／custom-made　カスタムメイドの／provide　供給する、与える／manufacturing factory　製造工場／visit　訪れる

第2章

パラグラフ構成

　簡単な自社紹介を行ない、自社サイトの閲覧を促すＥメールです。自社を売り込むクラシックなスタイルの文章です。構成パターンを見てみましょう。

> パラグラフ１　紹介を受けた経緯について
> パラグラフ２　自社について
> パラグラフ３　自社の活動範囲について
> 　　　　　　　自社サイトの案内
> パラグラフ４　結びの一文

　自社紹介をする場合には、はじめに紹介を受けた経緯について述べるのが常識です。紹介を受けていない場合には、どのように相手を知ったのかを伝えます（パラグラフ１）。

　その次に、自社について大まかな説明をします。このＥメールでは、自社で製造するものと会社の規模を述べています（パラグラフ２）。

　続いて、提供できる製品やサービス、これまでの実績などを書きます（パラグラフ３）。このＥメールでは、パラグラフの最後に自社サイトの紹介をしています。

　売り込みのレターは、戦略的に長い文章を書くこともあれば、アンケートという形で返答を促すものなど、さまざまな様式がありますが、このＥメール程度の長さでまとめるのが昔からある「クラシックな様式」です。旧来は、郵送によるビジネスレターで、自社サイトの紹介の代わりに、パンフレットを同封したものです。

　パラグラフ２、３では、自社の特徴を上手に打ち出したいところです。このＥメールからは、大規模な製造企業で、海外展開も盛んであることが読み取れます。

Words & Phrases プラス

■ more than 50 different machines
「50種以上の異なる機械」。different を外すと、「50台以上の機械」となり、意味が異なるため、注意が必要です。50 different kinds of machines とすることもできます。

■ over 200 manufacturing factories
「200を超える数の製造工場」。more than 200 manufacturing factories と書いても同じ意味を表わします。同じ E メール文章の中ですでに more than 〜 が使われているため、重複しないよう over を用いています。

★覚えておきたい《決まり文句》
We heard about your interest in purchasing . . . at 〜
「私どもは〜で、御社が . . . の購入に関心をお持ちだと伺いました」

セールスレターの冒頭に用いる定番の一文です。

（9）苦情を伝える

Dear _____

Last week, I purchased two of your products from your website. Although I was very careful to follow the instruction for use, one of them didn't work at all.

I contacted your customer service department today. However, they only told me to return the product to them and I cannot believe they could not tell me if they would send me a replacement.

This is a real problem and I would like to know what to do to replace the defect. Please respond me as soon as possible.

Yours faithfully,

Words & Phrases

purchase　購入する／although ～　～だけれども／careful　注意深い／follow　追う、したがう／instruction　使用説明書、取り扱い説明書／at all　まったく／return　戻す、返す／believe　信じる／replacement　代替品、交換／

Making a Claim

先週、御社のウェブサイトで製品を2つ購入しました。たいへん注意深く使用説明書にしたがいましたが、そのうちの1つがまったく動きませんでした。

本日、御社のカスタマーサービスへ連絡しました。しかしながら、彼らは私に製品を返品するようにと伝えただけで、代替品を送ってもらえるかどうかを伝えてもらえず、非常に当惑しています。

これは実に大きな問題で、私は不良品を交換するのに何をすればいいのか知りたいと思います。できるだけ早く返答してください。

---

replace　取り替える／defect　欠陥品、不良品／respond　返答する／as soon as possible　できるだけ早く

第2章

パラグラフ構成

　苦情を伝えるEメールです。このEメールには、問題としていることが2つあります。どのような構成で書かれているか見てみましょう。

```
パラグラフ1　問題1
　　　　　　　購入した製品が動かない
パラグラフ2　問題2
　　　　　　　カスタマーサービスの対応の悪さ
パラグラフ3　不良品の交換方法を尋ねる
```

　2つの問題は、パラグラフ1とパラグラフ2に、1つずつ書かれています。

　最も重要な用件（知りたいこと）はパラグラフ3に書かれた「不良品の交換方法」ですから、この用件を1つ目のパラグラフに持ってきてもよいのですが、このEメールでは、順を追って説明する形を取っています。

　こうした構成の取り方を決めて、詳細を加えていきます。

```
パラグラフ1　問題1
　　　　　　　先週
　　　　　　　2つ購入した
　　　　　　　1つが動かない
　　　　　　　注意深く使用説明書にしたがった
パラグラフ2　問題2
　　　　　　　今日
　　　　　　　カスタマーサービスの対応の悪さ
　　　　　　　代替品について返答が得られない
パラグラフ3　不良品の交換方法を尋ねる
　　　　　　　早く返答がほしい
```

このように詳細をパラグラフに組み入れ、まとめると、客観的に見てもわかりやすいEメール文章になります。
　全体的に強い口調の文章ですが、決して乱暴にはならないよう気を付けます。文中にはI want toではなくI would like to knowが使われ、respond meにもpleaseが付けられています。

Words & Phrases プラス

■ I cannot believe ～

　「～であることが信じられません」という表現です。強く苦情を述べるときに使いますが、親しい取引関係にあるときなどは、使用を避ける方が無難です。

★覚えておきたい《決まり文句》

Although I was very careful to follow the instruction for use,
「私は、たいへん注意深く使用説明書にしたがいましたが、」

　商品などを購入して、使い方がわからないときや、苦情を伝えるときに使う一文です。althoughを外して使うこともできます。

(10) 注文書の間違いを指摘する

Dear _____

This is to inform you that we have received the attached purchase order form, and confirm your order.

Please be informed, however, HJ234 has been discontinued. Also, HJ345 is not available in red. We have changed the order quantity of HB100 from 210 to 220 since one carton of HB100 contains 20 of the product.

Given these exceptions, please confirm your acceptance within one week of receipt of this notice. Thank you again for your order.

Kind regards,

Words & Phrases

inform 通知する、知らせる／receive 受け取る／attached 添付の／purchase order (form) 購入注文書／confirm 確認する／however しかしながら／discontinue 生産中止にする／also 〜もまた、そしてまた／available 入手[利用が]可能な／quantity 数量／since 〜 〜なので／carton カートン、

Pointing Out Mistakes on an Order Form

これは、添付の購入注文書を受け取り、御社のご注文を確認したことをお伝えするものです。

しかしながら、(以下を)お伝えいたします。HJ234 は取り扱いが停止になっております。また、HJ345 は赤色の取り扱いがございません。HB100 は 1 カートン 20 個入りですので、注文数量を 210 から 220 へ変更させていただきました。

これらの変更をご承認いただけますことを、この通知を受け取られてから 1 週間以内にご確認お願いいたします。ご注文に再度お礼申し上げます。

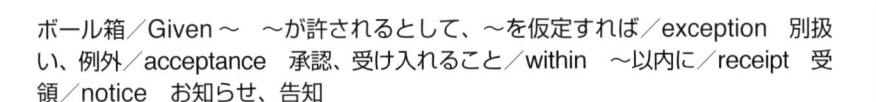

ボール箱／Given〜　〜が許されるとして、〜を仮定すれば／exception　別扱い、例外／acceptance　承認、受け入れること／within　〜以内に／receipt　受領／notice　お知らせ、告知

第2章

パラグラフ構成

　注文を受け、若干の指摘をして、確認を催促するEメールです。まとめ方次第で、単純にも複雑にも見える内容です。わかりやすくまとめるには、どのような構成を取ればよいでしょうか。

```
パラグラフ1　注文書を受け取りました
パラグラフ2　変更が必要な箇所があります
パラグラフ3　ご承認ください
```

　まずは、このようにパラグラフ構成を決めます。そうすると後は詳細を加えるだけです。やや複雑に見えるのは、パラグラフ2だけであることがわかるでしょう。

```
パラグラフ2　変更が必要な箇所があります
　　　　　　　HJ234 取り扱い停止
　　　　　　　HJ345 赤色なし
　　　　　　　HB100 注文数量 220
```

　このパラグラフは、変更点を箇条書きにすることもできます。
　パラグラフ3にも、付け加えたい詳細があります。

```
パラグラフ3　ご承認ください
　　　　　　　1週間以内にご承認ください
　　　　　　　注文へのお礼の一文
```

　こうした構成の取り方で、一見ややこしそうな話も上手に整理することができます。

英文ビジネス E メールの「書き方の原則」と「例文サンプル 10」

Words & Phrases プラス

■ Please be informed, however, 〜

　Please be informed 〜 は「〜をお伝えします」という意味です。直訳すると「どうぞ通知されてください」となります。通常は、Please be informed that 〜 (that 以下をお伝えします) などの形で使われます。

　例文では however を用いて、「しかしながら、(以下を)お伝えいたします」としています。

■ one carton contains 20

　「1 カートンに 20 個入り」という表現です。例文には、one carton of HB100 contains 20 of the product. (HB100 の 1 カートンは 20 個入りです) というセンテンスが出てきます。応用すると便利です。

★覚えておきたい《決まり文句》
Given these exceptions, please confirm your acceptance.
「これらの変更をご承認ください」

　変更点などを述べた後に使えます。直訳すると、「これらの例外が許されるとして、ご承認いただけることをご確認ください」となります。

第3章

英文ビジネスEメールの「便利な構成パターン20」と「用件別例文」

1. 便利な構成パターン20
2. 用件別例文

構成パターンのわかる例文と解説、ビジネスでそのまま使える用件別の例文です。

第3章

1 便利な構成パターン20

　本節では、パラグラフを上手に使って、Eメール文章を構成する20通りのパターンを紹介します。目を通すだけで、みるみる理解できるでしょう。

　これらのパターンを使えば、

・ラクに文章を構成できる
・早く書ける
・説得力のある文章になる

というメリットが得られます。

　紹介している例文は、どれもそのまま使えるものばかりです。
　それぞれ「依頼」、「案内」などのテーマを用いていますが、それぞれのパターンは、どんなテーマにも汎用できます。

　　パターン1　用件→注意事項1→注意事項2
　　　　　　　依頼：Request
　　パターン2　用件→依頼1→依頼2
　　　　　　　依頼：Request
　　パターン3　キャッチ→案内→結び
　　　　　　　案内：Information
　　パターン4　用件→詳細→注意事項
　　　　　　　通知：Notification
　　パターン5　前置き→要点
　　　　　　　確認：Confirmation

パターン6　特定する→説明する→結ぶ
　　　　　説明：Explanation
パターン7　前置き→説明→質問
　　　　　問い合わせ：Inquiry
パターン8　問題の指摘→背景・詳細→質問
　　　　　問い合わせ：Inquiry
パターン9　状況説明→詳細→結び
　　　　　通知：Notification
パターン10　状況を尋ねる→必要性を訴える→結ぶ
　　　　　催促：Demand
パターン11　状況を尋ねる→必要性を訴える→相手のメリットを述べる
　　　　　催促：Demand
パターン12　要望1→要望2→結び
　　　　　問い合わせ：Inquiry
パターン13　依頼→理由1→理由2→結び
　　　　　依頼：Request
パターン14　特定する→説明する→提案して尋ねる
　　　　　問い合わせ：Inquiry
パターン15　特定する→用件→結ぶ
　　　　　通知：Notification
パターン16　説明する→質問1→質問2
　　　　　問い合わせ：Inquiry
パターン17　依頼→説明→もしダメなら...
　　　　　依頼：Request
パターン18　質問する→説明する→さらに説明する
　　　　　催促：Demand
パターン19　前置き→箇条書き
　　　　　説明：Explanation
パターン20　依頼→詳細→付け加えて
　　　　　依頼：Request

　一度にすべて覚えてしまう必要はありません。少しずつ活用するうちに、自然に使えるようになっていきます。

第3章

パターン1　用件→注意事項1→注意事項2

Dear _____

We have decided to accept the 10% trade discount. The offer convinced us to place an order. So please find our official order sheet attached.

It is important the goods are delivered in the next week. Please be reminded we will have to cancel the order if the goods are not delivered by then.

If the item is out of stock, please send us a quotation for a substitute.

Attached: order sheet

構成パターン

【用件】　　　10％割引で注文します
【注意事項1】　納期
【注意事項2】　品切れの場合

　はじめに「注文する」ことを述べて、次に相手に気を付けてほしいことを2つ並べて書きます。まずは、納期を守ってほしいこと。在庫切れ等で守れないと(今の時点で)わかっていれば、代わりになる商品を提案してください、という内容です。

✖ ポイントが大きく分けて3つあります。

「依頼: Request」

私たちは、10％の割引を受け入れることにしました。このオファーにより、注文することを決定しました。添付の正式な注文書をご覧ください。

来週中に商品を届けていただくことは重要です。来週商品が届かなければ、注文はキャンセルしなくてはならないことをご承知おきください。

もし(現在)品切れであれば、代用品の見積もりをお送りください。

添付: 注文書

Words & Phrases

decide 決める／accept 受け入れる／trade 取り引き、貿易／offer 申し出、提案／convince 説得して〜させる／place （注文を)出す／order 注文／official 公式の／attached 添付の／deliver 配達する、届ける／remind 思い起こさせる／out of stock 在庫切れ／quotation 見積もり／substitute 代用品

第3章

パターン2　用件→依頼1→依頼2

Dear _____

I would like to order the following urgently:
480 cartons of Hair-spray HS-200

Can you please confirm if it is possible to manufacture them this month? I will need to give our customer an expected shipment date.

Please dispatch 40 cartons by air direct to our customer, FG Corporation when the goods are ready. Please confirm by return.

構成パターン

【用件】	注文します
【依頼1】	確認をお願いします
【依頼2】	一部（40カートン）は〜をお願いします

　注文を出して、それに対して2つの依頼をしています。1つ目のパラグラフが注文（用件）で、2つ目と3つ目のパラグラフには、それぞれ依頼を1つずつ書いています。

⚒ 依頼事項1つに、パラグラフを1つ使います。

「依頼: Request」

下記を至急注文いたします。
ヘアスプレー　HS-200　480 カートン

これらを今月生産できるかどうかご確認いただけますか。弊社の顧客へ出荷予定日を伝える必要があります。

製品が準備できましたら、40 カートンを弊社顧客 FG コーポレーションへ直接、航空便で発送してください。折り返しご確認をお願いします。

Words & Phrases

following　下記のもの／urgently　至急、緊急に／confirm　確認する／manufacture　製造する／expected　予想された、予定された／shipment　出荷／dispatch　発送する／carton　カートン、ボール箱／by return　折り返し

パターン3　キャッチ→案内→結び

Dear _____

You will be surprised by both the technology and concept of some of our latest products. We are happy to show them at a demonstration.

It is our pleasure to invite you for this product demonstration on 15 February at our showroom in Ginza. Please call or email us for an appointment.

Following the demonstration, coffee and orange juice will be served. We will look forward to seeing you soon.

構成パターン

【キャッチ】	決まり文句
【案内】	実地演習会について
【結び】	おまけもあります。お楽しみに

　キャッチとは、文章の出だしで「読み手を引き付ける」ための文章です。ここでは You will be surprised by ～ という決まり文句を使っています。次のパラグラフが具体的な案内、3つ目のパラグラフが結びです。
　おまけとは、「そのために行きたいと思うほどではないが、一応付いている特典」です。2つ目のパラグラフに折り込むこともできます。

あっさり読みきれる長さの典型的な案内文です。

「案内: Information」

弊社のいくつかの最新製品の技術とコンセプトの両方に驚かれるでしょう。実地演習会で、ぜひともご覧に入れたいと思います。

2月15日、弊社の銀座ショールームでの、製品実地演習会にご招待いたします。ご予約には、お電話かEメールをお願いいたします。

実地演習会の後には、コーヒーとオレンジジュースをお出しいたします。近くお会いできますことを楽しみにしております。

Words & Phrases

surprise 驚かす／latest 最新の／demonstration 実地宣伝、実地演習会／pleasure 喜び／invite 招待する、招く／appointment 予約、約束／following〜 〜の後に／serve 給仕する／look forward to〜 〜を楽しみに待つ

第3章

パターン4　用件→詳細→注意事項

Dear _____

Please be informed that we are holding a sales meeting at 3 pm on February 4.

As you can see on the attached agenda, we will be discussing how to create a good company image at the meeting. Please read the agenda beforehand.

If you are not able to attend, please let me know by return no later than February 10.

Attached: Agenda (Word file)

構成パターン

【用件】　　　セールスミーティング、日時
【詳細】　　　ミーティングの詳細について
【注意事項】　欠席の場合は、○○してください

　はじめに用件を述べ、次のパラグラフに詳細を書きます。続いて注意事項（お願い）という構成です。

🛠 「詳細」と「注意事項」を分けて書いています。

「通知: Notification」

2月4日午後3時に、セールスミーティングを行なうことをお伝えします。

添付の議事で見ていただける通り、ミーティングでは、どのようによい会社のイメージづくりをするか、について協議します。議事は事前にお読みください。

もし出席できない場合は、2月10日までに返信でお伝えください。

添付: 議事(ワードファイル)

Words & Phrases

inform　通知する、知らせる／hold　開催する、行なう／attached　添付の／agenda　協議事項、議題／discuss　論議する、相談する／create　創造する／beforehand　前もって／able to *do*　～することができる／attend　出席する／by return　折り返し／no later than ～　～までに [～より後でなく]

第3章

パターン5　前置き→要点

Dear _____

Mr. Yamamoto has called me to confirm your breakfast meeting with him tomorrow. He and his colleague will be at the Brasserie Restaurant in the Shibuya Macy's Plaza. He mainly wants to discuss international business.

He asked if you could be at the restaurant by 8:00. His assistant will drive you to your office after the meeting. Please let him know directly if this is OK.

構成パターン

【前置き】	明日のミーティングについて
	山本さんより
【要点】	要点1
	要点2
	要点3

　用事のある本人から送るEメールではなく、アシスタントが書いていますから、まずはパラグラフ1で「何についてのEメールなのか」を説明しています。用件そのものは簡単な事柄です。パラグラフ2にまとめて書いています。

✕ 前置きにより、要点をつかみやすくしています。

「確認: Confirmation」

山本さんから、明日のブレックファーストミーティングを確認するよう電話がありました。彼と彼の同僚は、渋谷メイシーズプラザのブラッセリーレストランへ行きます。主に国際取引についてお話ししたいそうです。

山本さんは、8時にレストランに来られますか、と尋ねています。ミーティングの後には、彼のアシスタントが、オフィスへ車でお送りします。これでよろしいかどうか、山本さんへ直接ご連絡ください。

> **Words & Phrases**
>
> confirm 確認する／colleague 同僚／mainly 主に／discuss 論議する、相談する／ask 聞く、尋ねる／directly 直接に

第3章

パターン6　特定する→説明する→結ぶ

Dear ＿＿＿＿＿＿

Thank you very much for your order numbered DR345.

Unfortunately we are not able to process your order because there is an unexpected shipment delay from our supplier due to the earthquake in the Kanto area of Japan. We would like to hold the shipment of your order until we get further information from our supplier. We will let you know of the revised shipping schedule as soon as possible.

Thank you for your understanding and patience in this matter.

構成パターン

【特定する】　どの注文なのか特定する
【説明する】　問題、対処方法を説明する
【結ぶ】　　　ご理解お願いします

　まずは、「どの注文なのか」を注文番号で明らかにし、2つ目のパラグラフで問題、対処方法を説明しています。説明が長くなる場合には、問題と対処方法でパラグラフを2つに分けることもできます。最後は、決まり文句で締めくくっています。

🔧 **何に関する件か、問題は何か、対処方法は、という流れです。**

「説明: Explanation」

ご注文番号 DR345 を誠にありがとうございました。

残念なことに、日本の関東地区での地震のために、弊社サプライヤー側の予期せぬ出荷の遅れがあり、ご注文を進めることができません。弊社サプライヤーから追って情報が得られるまで、御社のご注文の出荷を保留させていただきたく存じます。できるだけ早く、変更後の出荷スケジュールをお伝えするつもりです。

この件に関するご理解とご寛容をいただけましたら幸いに存じます。

Words & Phrases

unfortunately　残念ながら、不幸なことに／able to *do*　〜することができる／process　処理する、(業務を)進める／order　注文／unexpected　予期しない／shipment　出荷／delay　遅延、遅れ／supplier　サプライヤー／due to 〜　〜が原因で／earthquake　地震／hold　保留する／until　〜まで／further　さらに進んだ／revised　変更された、改定された／as soon as possible　できるだけ早く／understanding　理解／patience　我慢、寛容／matter　問題

第3章

パターン7　前置き→説明→質問

Dear _____

We have had an inquiry for the new products KG-765 and KG-766 from one of our most valued dealers.

They are holding an exhibition next week in Osaka and displaying samples of the new products that they have already bought from us. However, they need to know when stock will be available for purchase so they can introduce the products to their customers at the exhibition.

Please advise when they will be available so we can offer them to our dealers.

構成パターン

【前置き】	顧客から聞かれたのですが...
【説明】	こういう状況です
【質問】	教えてください

　肝心の質問が3つ目のパラグラフにあるため、用件を先に述べるという原則からすると、おかしく見えるかもしれません。「いきなり質問するよりも、背景を先に説明した方が理解してもらいやすい」状況にあると考えてください。
　パラグラフ1で、重要な取引先からの問い合わせであるという「前置き」、パラグラフ2で「状況の説明」、パラグラフ3で「質問」をしています。有利な返答を得るための戦略的な書き方（の順序）と見ることもできます。

「問い合わせ：Inquiry」

弊社の最も重要な販売店の1社から、新製品 KG-765 と KG-766 について問い合わせを受けました。

彼らは、来週大阪で展示会を開催し、すでに弊社から購入した新製品サンプルを展示します。しかしながら、彼らは展示会で顧客に製品を紹介するにあたり、(この製品を購入するための)在庫がいつから入手可能になるのか知る必要があります。

弊社が販売店へ新製品をオファーできるように、いつから入手可能になるのかお知らせください。

状況を十分に説明した上で質問をします。

Words & Phrases

inquiry 問い合わせ、質問／valued 貴重な、価値を持つ／dealer 販売業者、代理店／hold 開催する、行なう／exhibition 展示会／display 展示する、陳列する／already すでに／however しかしながら／stock 在庫／available 入手[利用が]可能な／purchase 購入、買い入れ／advise 助言する、伝える／offer 申し出る、持ちかける

パターン8　問題の指摘→背景・詳細→質問

Dear _____

Please check your proforma invoice number 100 for 200 cartons of the product JK33. These goods did not arrive on the container shipped from Taiwan this week.

I understand that the order quantity was changed last month and it may be this that has delayed shipment. However, I have checked the shipping list for the next month and they do not seem to be on there either.

Please check the order status and let me know when they will be shipped.

構成パターン

【問題の指摘】	こうした問題があります
【背景・詳細】	こんな背景がありました。しかし、このようにおかしいのです
【質問】	いつ出荷されますか

　はじめにパラグラフ1で、直面している問題について述べています。パラグラフ2では、なぜこの問題が起こったのか、わかる範囲内で背景を説明し、それでも「来月の出荷リストにも載っていない」という状況を書いています。最後にパラグラフ3で、「いつ出荷されるのか」と質問をしています。

🔧 **はじめに問題をはっきりと指摘しています。**

「問い合わせ: Inquiry」

製品JK33、200カートンに対する、貴社プロフォーマ・インボイス番号100をご覧ください。これらの製品は、今週台湾から船積みされたコンテナで到着しませんでした。

先月(弊社のリクエストにより)注文数量が変更され、それが出荷を遅れさせたのかもしれません。しかし、来月の出荷リストを見たところ、それらの製品は、そこにも記載されていないようです。

注文の状況を確認され、これらの製品がいつ出荷されるかお教えください。

Words & Phrases

proforma invoice　プロフォーマ・インボイス、注文請書／carton　カートン、ボール箱／arrive　到着する／container　（貨物輸送用）コンテナ／ship　出荷する、船積みする／quantity　数量／may ~　~かもしれない／delay　遅らせる、遅延させる／shipment　出荷／however　しかしながら／shipping list　出荷リスト／seem to be ~　~のように見える／either　(~もまた)~でない／status　状態

パターン9　状況説明→詳細→結び

Dear _____

Thank you for your recent email. This is just to inform you that your order has already been shipped.

As shown on our website, the average shipping time, depending on method of delivery, is as follows:
Standard: 4 to 14 business days after shipping (may take up to 21 business days)
Express: 2 to 6 business days after shipping
International Standard: 3 to 6 weeks (may take 8 to 12 weeks due to customs delays)

Your order will arrive shortly.

構成パターン

【状況説明】	すでに出荷しました
【詳細】	輸送に掛かる時間は...
【結び】	まもなく到着します

　問い合わせへの返答です。まずは、すでに出荷をしている旨を伝えます。2つ目のパラグラフでは、輸送に掛かる通常の日数を箇条書きにして一覧で示しています。この説明がないと不親切なEメールになることがわかるでしょう。3つ目のパラグラフは、一文で締めくくっています。

🔧 箇条書きにして「一覧」を用いた通知文で、できるだけ読みやすくしています。

英文ビジネス E メールの「便利な構成パターン 20」と「用件別例文」

「通知：Notification」

先日の E メールをありがとうございました。これはあなたのご注文は、すでに出荷されていることをお伝えするものです。

弊社ウェブサイトに表示されているように、通常の輸送に掛かる時間は、輸送方法により異なりますが、以下の通りです。
普通便：出荷後 4 から 14 営業日（最長で 21 営業日掛かることもあります）
速達：出荷後 2 から 6 営業日
国際普通便：3 から 6 週間（税関での遅れにより、8 から 12 週間掛かることもあります）

あなたのご注文は、まもなく到着いたします。

Words & Phrases

recent 近頃の／inform 通知する、知らせる／already すでに／ship 出荷する、船積みする／as shown on 〜 〜で見られる通り／average 通常の、平均の／shipping time 輸送時間／depend on 〜 〜により異なる／method 方法／delivery 配送／as follows: 以下の通り／〜 business days ○○営業日／may 〜 〜かもしれない／up to 〜 〜(ある地点、時間)まで／due to 〜 〜が原因で／customs 税関、税関の手続き／delay 遅延、遅れ／arrive 到着する／shortly まもなく

第3章

パターン10　状況を尋ねる→必要性を訴える→結ぶ

Dear _____

Please advise if you have already sent photos for your new product.

These product lines are supposed to be introduced in our new product catalog in next month. Since we only print the catalog once a year, please send the image as soon as possible.

We look forward to your prompt reply.

構成パターン

【状況を尋ねる】	送ってもらえましたか
【必要性を訴える】	早く必要な理由
【結ぶ】	速やかにお願いします

　パラグラフ1で、「（以前からお願いしているものを）送ってもらえましたか」と状況を尋ねます。あまりくどい書き方はしない方がよいでしょう。この一文で、届いていないことも、依頼してから時間が経っていることもわかります。
　パラグラフ2では、なぜ催促するほど必要なのかを書きます。このパラグラフでも、必要な要点だけを簡単に述べます。
　パラグラフ3は、結びの一文です。
　要は、早く送ってほしいということですから、それを伝えて、礼儀として理由を書くというイメージで仕上げます。

「催促: Demand」

御社新製品の写真をすでにお送りいただけたか、お教えください。

これらの製品ラインは、来月弊社の新製品カタログで紹介される予定です。弊社は年に1度だけカタログを刊行しますので、できるだけ早く画像データをお送りください。

速やかなご返信をお願いいたします。

✂

✖ できるだけ、あっさりと要求を伝えます。

Words & Phrases

advise　助言する、伝える／already　すでに／product line　製品ライン／be supposed to *do*　〜することになっている／since 〜　〜なので／once a year　年に1度／image　画像（データ）／as soon as possible　できるだけ早く／look forward to 〜　〜を楽しみに待つ／prompt　迅速な、すばやい／reply　返答、返事

第3章

パターン11　状況を尋ねる→必要性を訴える→相手のメリットを述べる

Dear _____

Please advise if you have prepared presentation tools for your new product.

As we discussed last month, our customers are expecting a visual presentation at the end of this month. We need digital pictures of the product to make the PowerPoint slides.

We believe there is a great chance to grow sales of the product lines in our country and are looking forward to your reply.

構成パターン

【状況を尋ねる】　　　　　ご準備いただけましたか
【必要性を訴える】　　　　早く必要な理由
【相手のメリットを述べる】　販売拡大できます

　パターン10と同じ「催促」のEメールです。パターン10と異なり、3つ目のパラグラフで、それをしてもらったときの「相手のメリット」を述べています。力関係で相手の方が強い場合や多少無理をお願いしているような場合には効果的です。全体が丁寧な仕上がりになります。

✖ 相手の心情に配慮した丁寧な仕上がりになります。

「催促: Demand」

御社新製品のプレゼンテーション・ツールを準備していただけたか、お伝えください。

先月お話ししましたように、弊社の顧客は、今月末にビジュアル・プレゼンテーションを求めています。弊社はパワーポイントのスライドを作成するために、製品のデジタル写真が必要です。

私たちの国には、この製品ラインの販売拡大の大きなチャンスがあると考えていますので、ご返信を楽しみにしています。

Words & Phrases

advise 助言する、伝える／prepare 準備する／discuss 論議する、相談する／expect 期待する／grow 成長させる、発展させる／product line 製品ライン／look forward to ～ ～を楽しみに待つ／reply 返答、返事

パターン12　要望1→要望2→結び

Dear _____

We are one of the largest hotel chains in Japan. Please advise us if you can give us a discount for purchases of over 50 books. We normally get a discount of 20% from Japanese publishers for bulk purchases.

I would also be grateful if you could send a few copies of any sample books free of charge.

I look forward to hearing from you soon.

構成パターン

【要望1】	自社紹介、〜について知りたい
【要望2】	〜もお願いしたい
【結び】	お返事ください

　営業担当者からのコンタクトを依頼するEメールです。まずは簡単な自社紹介をして、1つ目の要望を述べ、2つ目のパラグラフで2つ目の要望を伝えています。3つ目のパラグラフは、形式的な一文だけです。
　一方的な問い合わせですが、要望に応えてくれそうな取引先を探すために複数の会社へ引き合いを出すときには、この程度の書き方にすることがあります。もちろん詳しい自社紹介や、今後の購入に関する見込みなどを書き加えて仕上げることもできます。

英文ビジネスEメールの「便利な構成パターン20」と「用件別例文」

「問い合わせ: Inquiry」

弊社は、日本で最大のホテルチェーンの1つです。書籍50部以上の購入に対して、割引をいただけるかお教えください。弊社は通常、日本の出版社から、大量購入に対して20%の割引をいただいています。

なお、何らかの無償サンプル書籍を2、3部お送りいただけましたら幸いです。

近くお返事いただけますことを楽しみにしています。

✂

🛠 シンプルに「自社の要望」を伝える「問い合わせ」の文章です。

Words & Phrases

chain　チェーン／advise　助言する、伝える／purchase　購入／normally　通常は、普通は／publisher　出版社／bulk　大量の、まとめ（買い）／also　〜もまた、そしてまた／grateful　ありがたく思う／a few　2、3の／copy　(本などの)1部／free of charge　無料で／look forward to 〜　〜を楽しみに待つ

第3章

パターン13　依頼→理由1→理由2→結び

Dear _____

I urgently need a CIF price and estimated delivery date for the new items. I really need these today so my manager has it before he leaves on his business trip tomorrow.

This information is vitally important for his meetings with customers, as they will all be interested in the price and availability.

Without some prior discussion, my manager will not be able to provide details, which will reduce the impact of the new items with our customers.

I look forward to your earliest response.

構成パターン

【依頼】	大至急お願いします
【理由1】	マネジャーが出張
【理由2】	顧客とのミーティング
【結び】	よろしくお願いします

　少し無理のあることを強くお願いするEメールです。パラグラフ1では、はっきりと依頼の内容を述べています。パラグラフ2では、依頼の理由を説明しています。続くパラグラフ3では、情報が得られなかった場合（お願いを聞いてもらえなかった場合）に生じる不都合を訴え、必要性が強調されています。これが2つ目の理由です。
　強引さがありますが、強く依頼したいときには参考にできる書き方です。

英文ビジネス E メールの「便利な構成パターン 20」と「用件別例文」

「依頼: Request」

新商品の CIF 価格とおおよその配送時期を至急必要としています。私のマネジャーが明日出張に出発するまでに知ることができるよう、これらが本日どうしても必要です。

この情報は、マネジャーの顧客とのミーティングにおいて非常に重要です。顧客が皆、価格と入手時期に関心を持つであろうためです。

事前に伺っておきませんと、マネジャーは詳細を伝えることができず、顧客への新商品のインパクトを下げてしまうでしょう。

最速のご返信をお願いいたします。

🛠 **理由を 2 つ、2 つのパラグラフに分けて書いています。**

> **Words & Phrases**
>
> urgently 緊急に／CIF (Cost, Insurance & Freight) price 運賃保険料込価格／estimated 推定の、見積もりの／delivery 配送／item 品目、事項／vitally 必要不可欠的に／availability 入手の[利用できる]可能性／prior 事前の／provide 供給する、与える／detail 詳細／reduce 減少させる、低減する／look forward to 〜 〜を楽しみに待つ／response 返答

パターン14　特定する→説明する→提案して尋ねる

Dear _____

I have an inquiry about the HS-300 hair-spray.

My customer is looking for 20,000 bottles, but would like three different barrel designs. They have not specified the color of the hair-spray. However, I think it will be the usual black, brown, etc.

My suggestion is to change the film around the barrel to meet the customer's requirements. Please let me know if this is possible.

構成パターン

【特定する】	HS-300の件です
【説明する】	顧客の要望は…
【提案して尋ねる】	フィルムを変えたらどうでしょうか

　これは順序を追った説明が必要な問い合わせです。
　はじめにパラグラフ1で、「HS-300の件」であることを述べます。次にパラグラフ2で、顧客からの要望を伝えます。パラグラフ3では、顧客の要望に応じる方法として、自分の提案を書き、「どう思いますか」と尋ねています。できるだけわかりやすく理解してもらうためのパラグラフ構成です。

説明してから、尋ねるパターンです。

「問い合わせ: Inquiry」

ヘアスプレー HS-300 について質問があります。

顧客が2万本を求めていますが、3つの異なるバレル（容器）のデザインを希望しています。彼らは、ヘアスプレーの色は特定していません。しかしながら、それは通常の注文と同じ黒や茶などになると思います。

私の提案は、顧客の要求に応じるために、バレルの周りのフィルムを変えることです。これが可能かどうかお知らせください。

Words & Phrases

inquiry　問い合わせ、質問／barrel　容器、バレル／specify　具体的に指定する／however　しかしながら／usual　いつもの／suggestion　提案／meet　上手く対処する、(要求を)満たす／requirement　要求するもの[こと]、要請

パターン15　特定する→用件→結ぶ

Dear _____

I have received your email of 23 April regarding the meeting schedule.

We would like Mr. Harris to attend the meeting because we need to discuss many of the agenda items with him. Therefore we would like to postpone the meeting and set up another appointment in the near future.

I hope this does not inconvenience you too much.

構成パターン

【特定する】	～の件です
【用件】	このようにしてください
【結ぶ】	結びの一文

相談やリクエスト[依頼]とは違い、こちらから「こうしてください」と通知するEメールです。はじめのパラグラフで「何の件か」を特定し、2つ目のパラグラフで「用件」をはっきりと伝えます。3つ目のパラグラフは、「結び」の一文に用います。簡潔に用件を伝えたいときに使うスタイルです。

✗ 相手に話し合いの余地を与えたくないときにも使えます。

「通知: Notification」

ミーティングのスケジュールに関する 4 月 23 日の E メールを受け取りました。

私たちは、ハリス氏にミーティングに出席していただきたいと思います。氏と多くの議題を話し合う必要があるからです。そのため、このミーティングは延期し、近く別のアポイントメントを設定させていただきたい次第です。

これが、それほどのご面倒ではないことを願います。

Words & Phrases

receive　受け取る／regarding 〜　〜について／attend　出席する／discuss　論議する、相談する／agenda　協議事項、議題／item　事項／therefore　それゆえに、したがって／postpone　延期する／in the near future　近い将来に／inconvenience　面倒を掛ける、不便を感じさせる

パターン16　説明する→質問1→質問2

Dear _____

We have had a request from AB store regarding the supply of empty clear wallets. They are requesting 200 for their store.

Please advise if they are available, or if not when they will be.

Also, please advise how many pieces are in a production run as they are wondering if there is a minimum order.

構成パターン

【説明する】　○○について、○○ストアから
【質問1】　　入手可能な時期は？
【質問2】　　最低注文数量は？

　まずはパラグラフ1で、必要なもの、状況などについて説明します。それから1つのパラグラフに1つずつ質問を書きます。このEメールでは、パラグラフ2で Please advise if 〜 を用い、パラグラフ3で Also, please advise 〜 を用いて書きはじめています。

質問の数が増えれば、パラグラフを増やしていきます。

「問い合わせ: Inquiry」

弊社は、空のクリアウォレット(透明のケース)の供給について、AB ストアからリクエストを受けました。彼らは、店舗に 200 個ほしいそうです。

それらが入手可能かどうかお教えください。もしなければ、いつ入手できますか。

なお、彼らは最小(限必要な)注文数量があるかどうかを知りたいようです。1 回の稼働での生産数量をお教えください。

Words & Phrases

regarding〜 〜について／supply 供給／empty 空の／advise 助言する、伝える／available 入手[利用が]可能な／also 〜もまた、そしてまた／a production run (生産、機械の)1 回の稼動／wonder〜 〜かと思う／minimum 最小限の

第3章

パターン17　依頼→説明→もしダメなら...

Dear _____

Is it possible for you to send 300 floor stands for the XI-101 hair-gel with next month's shipment?

We are planning extra promotional activity in August, so we need to confirm the floor stands would be shipped in the next month.

If you cannot arrange 300 for August shipment, please advise the quantity you can arrange.

構成パターン

【依頼】	○○をお願いできますか
【説明】	こうした理由で必要なのです
【もしダメなら...】	○○をお願いします

　はじめにパラグラフ1で、依頼事項を伝えます。2つ目のパラグラフでは、なぜ依頼しているのか、その理由を説明します。3つ目のパラグラフは、「何らかの事情で、それがダメなら、○○をお願いします」と述べています。

✖ 「もしダメなら...」に1つのパラグラフを使います。

「依頼: Request」

来月の出荷と一緒に、ヘアジェル XI-101 用のフロアスタンドを 300 台送っていただくことはできますか。

弊社は、8 月に特別なプロモーション活動を計画しており、そのために来月フロアスタンドが出荷されることを確認する必要があります。

もし 8 月の出荷で 300 台用意できなければ、ご用意いただける数量をお教えください。

Words & Phrases

shipment　出荷／extra　特別の、余分の／activity　活動／confirm　確認する／ship　出荷する／arrange　用意する／advise　助言する、伝える／quantity　数量

第3章

パターン 18　質問する→説明する→さらに説明する

Dear ＿＿＿＿＿

Thank you for the information, but can you please let me know about the air freight?

We need the stock as soon as possible so we can fulfill our commitment to CDE stores.

This means getting the stock to every store in Japan by the end of next week before their winter bargain begins.

構成パターン

| 【質問する】　　　　　○○を教えてください
| 【説明する】　　　　　CDEストアのために、できるだけ早く必要
| 【さらに説明する】　つまり...

　情報をもらいましたが、それが不十分であったため、催促をしているEメールです。パラグラフ1では、貨物航空便のスケジュールについて質問をしています。適切に返答してもらえるように、パラグラフ2では、スケジュールを早く知りたい理由を説明しています。そしてパラグラフ3では、パラグラフ2で説明したことが、どういう意味を持つのかを述べ、念を押しています。

✘「こういう意味ですから、しっかり対応してください」と述べたいときに使います。

「催促: Demand」

情報をありがとうございました。しかしながら、貨物航空便(のスケジュール)についてお教えいただけますでしょうか。

弊社は、CDE ストアとの約束を果たすために、できるだけ早く在庫が必要です。

これは、彼らの冬のバーゲンがはじまる前である、来週の終わりまでに、日本のすべての店舗へ在庫を供給することを意味します。

Words & Phrases

air freight　航空貨物、貨物航空便／as soon as possible　できるだけ早く／fulfill　履行する、満たす／commitment　約束、責任／mean　意味する／stock　在庫／begin　はじまる

パターン19　前置き→箇条書き

Dear _____

I have been able to speak briefly with my manager while she is away, on the bottle size for the new hair-spray. Our comments are as follows:

1.
2.
3.

構成パターン

【前置き】　　こうした状況で、わかったことを説明します。
【箇条書き】　１つずつ説明

　１つ目のパラグラフは前置きです。その後は、説明したいことに番号を付けて、箇条書きで伝えるスタイルです。
　番号の付いた箇条書き文章は、読みやすく、返事を書くときにも、その番号が使えるため便利です。しかし、番号ごとに用件を明確に分けないと、話がいくつかの番号にまたがり、逆にややこしくなることもあります。注意して使いましょう。

番号を付けて、箇条書きの説明をします。

「説明: Explanation」

新しいヘアスプレーのボトルサイズについて、不在中のマネジャーと手短に話すことができました。以下が話し合いの内容です。

1.
2.
3.

Words & Phrases

briefly 手短に、簡潔に／away 不在で、出かけて／as follows: 以下の通り

第3章

パターン20　依頼→詳細→付け加えて

Dear _____

Can I please order the following:
Purchase order number: 656
2,000 sets XI-200 Medium size

Prices as quoted in the email to my manager last week. These are to be sea shipped for delivery by the middle of August.

In addition, can I please order 2,000 pieces of the clear bag free of charge? We will use them to pack a gift item with the XI-200s.

構成パターン

【依頼】　　　　注文します
【詳細】　　　　こうした条件で
【付け加えて】　無償でお送りください

　パラグラフ1で依頼（このEメールでは注文）をして、パラグラフ2で詳細（このEメールでは条件）を述べています。
　パラグラフ3は、「パラグラフ1、2に関連した別の依頼」というニュアンスで、もう1つの依頼をしています。

🛠 **In addition ...　を用いて、もう1つのパラグラフを書きます。**

「依頼: Request」

下記の注文をお願いします。
注文書番号: 656
2000 セット　XI-200　ミディアムサイズ

価格は、先週マネジャー宛のEメールで見積もられた通り(の額で)。8月中旬までに配送の船積みにて。

付け加えて、透明のケース 2000 個を無償で注文できますでしょうか。私たちは、それらを XI-200 とギフト品をパックするのに使います。

Words & Phrases

following　下記のもの／purchase order　注文書／as quoted ～　～で見積もられた通り／ship　出荷する、船積みする／delivery　配送／in addition　付け加えて、さらに／free of charge　無料で／gift item　ギフト品、粗品

2 用件別例文

本節では、商取引の例文を以下の7つの用件に分けて紹介します。どれも英文ビジネスEメールで頻繁に書く事柄ばかりです。

(1) 問い合わせ　　　　Inquiry
(2) 依頼　　　　　　　Request
(3) 催促　　　　　　　Demand
(4) 指摘　　　　　　　Pointing Out
(5) 確認　　　　　　　Confirmation
(6) 通知／案内　　　　Notification / Information
(7) お詫び　　　　　　Apology

(1) 問い合わせ Inquiry

Dear _____

I have had an urgent request from Mr. Suzuki at FG Corporation. He would like 200 cartons of XI-101 as soon as possible for one of his important customers.

Could you please let me know if it is possible to get them to him this month? He will happily cover any express shipping fee.

FGコーポレーションの鈴木さんから、至急のリクエストを受けました。重

要な顧客の1社のために、XI-101を200カートンできるだけ早くほしいそうです。

これらを今月、鈴木さんへ届けられるかお教えいただけますか。彼は、どんな急配の費用も喜んで負担するそうです。

Dear ＿＿＿＿

Do you have 150 empty hang-sell cases for VB-98 available for immediate dispatch? One of our customers has decided to promote this product, but we have cleaned out the cases after slow sales over the last couple of months.

If you have the empty cases, we will pack them here from our VB-98 carton stocks.

すぐに発送できるVB-98用の空のハングセルケース（店頭で販売用に吊るすケース）150枚をお持ちでしょうか。顧客の1社が、この製品をプロモーションすることにしましたが、弊社は、過去数ヵ月間、（この製品の）販売が不調だったために、これらのケースを処分してしまいました。

もし空のケースをお持ちでしたら、弊社にて、VB-98のカートン在庫から（空のケースへの）詰め込みを行ないます。

Dear ＿＿＿＿

We have reviewed the artwork for the new hair-sprays and it is fine. Please let me know when we can begin ordering this product line.

Also, please advise the barcode numbers and the CIF pricing for the range when available.

新しいヘアスプレーのアートワークを評価しました。よい出来です。この製品ラインは、いつから注文できるかお教えください。

なお、この製品ラインのバーコード番号と運賃保険料込価格も(それらが)でき上がりましたら、お教えください。

Dear _____

Please advise the expected delivery date for 4,000 empty hang-sell bags on proforma invoice 454. According to the proforma, they were supposed to be shipped at the end of last month.

プロフォーマ・インボイス454に記載された空のハングセルバッグ(店頭で販売用に吊るす袋)4000枚の出荷見込み期日をお教えください。プロフォーマによれば、先月末に出荷されているはずでした。

Dear _____

I have just seen the proforma invoice for ten dozens of XI-100, free of charge.

Can you please confirm that this is to replace the ones missing from last month's shipment and that these will be the small size?

先ほど、無償品XI-100、10ダースのプロフォーマ・インボイスを見ました。

これは、先月出荷されなかった分(を代用するもの)かどうか確認してください。また、これらはスモールサイズになりますか。

Dear ＿＿＿＿＿

Can you please confirm progress regarding the production of hair-gel XI-100? I know I have asked before, but our warehouse is completely out of XI-100 stock and customers have been asking about availability.

ヘアジェル XI-100 の生産の進捗状況をご確認ください。以前もお伺いしたことはわかっていますが、弊社の倉庫には XI-100 の在庫がまったくなくなっており、顧客が入手時期について尋ね続けています。

(2) 依頼 Request

Dear ＿＿＿＿＿

Regarding our purchase order 987, please could you let me know the shipment date as soon as possible.

There is a possibility we will have to make arrangements for some goods to be sent by air freight as our customer needs to take delivery of some ordered goods by the first week of next month.

弊社の購入注文 987 について、出荷日をできるだけ早くお教えください。

弊社の顧客が、来月のはじめの週までに、注文したいくつかの商品の配送を受ける必要があるため、いくつかの商品を航空貨物便で送る手配をしなくてはならない可能性があります。

第3章

Dear _____

Our company's press officer has asked me to contact you. He would like approximately 200 flyers for your new product and a PDF file of the magazine article that you sent him last week.

Can you either send them or bring them when you visit us next week?

弊社の広報担当者から連絡を取るよう依頼されました。彼は、御社の新製品のチラシをおおよそ200部と、先週あなたが彼に送られた雑誌記事のPDFファイルをいただきたいそうです。

これらをお送りいただくか、来週お越しになる際にお持ちいただけますでしょうか。

Dear _____

I have another request for samples of products from your catalog.

I am interested in the new range of hair-color products on page 200 of the year 2015 catalog. Would you be so kind as to send me some samples of the available colors please?

Also, for our test use, could you send some new hair-mousse and hair-gel?

御社のカタログの製品サンプルについて、もう1つお願いがあります。

2015年カタログの200ページにあるヘアカラーの新製品ラインに関心があります。恐れ入りますが、入手できる色のサンプルをいくつかお送りいただけますでしょうか。

また、試用のため、新しいヘアムースとヘアジェルもいくつかお送りいただけますでしょうか。

Dear _____

Can you please send me samples of the header cards suitable for the new hair-gel's floor-stand? Please also send any literature you have as we have a sales meeting in five days.

新しいヘアジェル用フロアスタンドに合うヘッダーカード(広告文句などが書かれた販促用のパネル)のサンプルをお送りいただけますか。私たちは5日後にセールスミーティングを行ないますので、何らかの販促用印刷物もお送りください。

Dear _____

This is an urgent request. Please can you arrange to ship the following with our order no. 456. I will be sending the necessary order document tomorrow morning.

-1,000 empty plastic hang-sell bags suitable for the HS-300 hair-spray

これは至急のお願いです。弊社の注文番号456と一緒に下記を出荷する手配をしてくださいますか。明朝、必要な注文書類をお送りします。

—ヘアスプレーHS-300に合う空のビニール製ハングセルバッグ(店頭で販売用に吊るす袋)1000枚

Dear _____

Please send 100 empty hang-sell cases for your product VB-98 by the first available sea freight.

最も早く手配できる船便で、御社製品VB-98の空のハングセルケース(店頭で販売用に吊るすケース)100個をお送りください。

Dear _____

Can you please follow up the internet inquiry as per the attached on this email? The inquiry has come from Korea.

このEメールに添付のインターネットからの質問をフォローアップしていただけますか。この問い合わせは韓国から来ました。

Dear _____

I have had the following inquiry from our website. Can you please help them out?

ウェブサイトから下記の質問があります。彼らをサポートしていただけますか。

Dear _____

The email below is a rather unusual request from China. Can you please follow it up?

下のEメールは、中国からの幾分稀なリクエストです。フォローアップしていただけますか。

Dear _____

Could you forward the barcode numbers to be used for the store displays so we can have the appropriate numbers in our computer system.

私たちのコンピュータシステムに適切な番号を入力できるように、店頭ディスプレイに使用するバーコード番号をお送りいただけますか。

Dear _____

Can you please advise the new barcode number for hair-gel XI-101 within the next two days, so preparations can be made for our customers?

弊社の顧客のために準備ができるように、次の2日以内に、ヘアジェルXI-101の新しいバーコード番号をお伝えいただけますか。

第3章

(3) 催促 Demand

Dear _____

Some months back, I asked for a sample of hair-gel XI-101. Could you please let me know whether it was ever sent?

数ヵ月前にヘアジェル XI-101 のサンプルを依頼しました。それを送ってもらえたかどうかお教えくださいますか。

Dear _____

We are still waiting to hear the weight of 48 dozen sets of hair-gel XI-101. Please advise.

私たちは、まだヘアジェル XI-101、48 ダースセットの重量を聞く[教えてもらう]のを待っています。お知らせください。

Dear _____

Can I please check that you received my email regarding the hair-gel displays?

ヘアジェルのディスプレイに関する私の E メールを受け取られたか、確認させていただけますか。

Dear _____

I have previously asked about air-freighting of 150 empty hang-sell cases.

Please can you check arrangements for this and advise when you expect to dispatch them to us.

以前に、空のハングセルケース（店頭で販売用に吊るすケース）150個の航空便出荷についてお尋ねしました。

この手配について確認され、いつ私たちへ発送される予定かお伝えください。

Dear _____

Could you please confirm that you are able to ship some hair-gel displays at the end of November?

One of our customers needs them in November for a trade fair in early December. Please could you let me know either way as soon as possible?

11月末に、いくつかのヘアジェル用ディスプレイを出荷できるか確認していただけますか。

弊社の顧客の1社が、12月初旬の貿易フェアのために、それらを11月中に必要としています。どちらの場合でも、できるだけ早くお教えください。

第３章

Dear _____

Please confirm that you have received our order sheet no. 556 faxed yesterday. I would appreciate it if you could let me know the delivery details for hair-spray HS-200 included in this order.

昨日ファックスした注文書番号556を受け取られたことを確認してください。この注文にあるヘアスプレーHS-200の配送の詳細をお教えいただけるとありがたいです。

(4) 指摘 Pointing Out

Dear _____

Unfortunately, there is a mistake on the proforma invoice no. 667. We ordered 48 dozens of XI-100 and there are only 36 dozens on the proforma.

Could you please see if it is possible to manufacture an extra 12 dozens this month? Please confirm at your earliest convenience.

Also, as XI-100 is produced in China from this month, I assume there will be a reduction in price? Please confirm.

あいにくプロフォーマ・インボイス番号667に間違いがあります。弊社は、XI-100を48ダース注文しましたが、プロフォーマには36ダースしか(記載して)ありません。

今月、12ダースを余分に製造できるか確かめていただけますか。できるだけ早く確認してください。

また、今月から XI-100 が中国で生産されているため、価格の割引があるのではないかと思います。ご確認をお願いします。

Dear ＿＿＿＿

Can you please confirm the purchases for September?

On the sales record sheet you have 2,200,000 JPY, but on the sales quantity sheet you have 23,200,000. I suspect the later figure is incorrect.

Can you please review the numbers and advise me of the correct purchases.

9月の購入(金額)を確認していただけますか。

販売記録表に、御社は220万円と記載されていますが、販売数量表には2320万円とあります。後の数字が間違いではないかと思います。

数字を見直され、正しい購入(金額)をお伝えください。

Dear ＿＿＿＿

I am aware that we purchase hair-gel XI-100 on a regular basis, but no sales appear on the sales quantity sheet.

Are these sales recorded in a different category? And if so, why? Or have they been just overlooked?

第3章

定期的にヘアジェル XI-100 を購入していますが[購入していることを承知していますが]、売上げが販売数量表に載っていません。

これらの売上げは、違うカテゴリーに記録されていますか。もしそうであれば、なぜでしょうか。あるいは見落とされただけでしょうか。

Dear _____

We have received the revised proforma no. 343 and noticed the cost of XI-101 is different from the one on the original proforma.

The original proforma says it is 200 JPY per bottle, but the revised proforma shows 220 JPY per bottle.

Please check and let me know which price is right.

修正されたプロフォーマ番号 343 を受け取りましたが、XI-101 の価格が元のプロフォーマのものと違っていることに気付きました。

元のプロフォーマでは 1 本 200 円とされていますが、修正されたプロフォーマでは 1 本 220 円となっています。

ご確認され、どちらの価格が正しいかお教えください。

Dear _____

We are in receipt of invoice no. 678. Product XI-2300 is on the last line of the invoice, but we cannot find any trace of this product having been ordered.

Please can you check and inform me if we have ordered it.

請求書番号 678 を受け取りました。請求書の最後の行に製品 XI-2300 がありますが、弊社はこの製品を注文した形跡を見付けられません。

ご確認され、弊社がそれを注文したかどうかお伝えください。

Dear ＿＿＿＿＿＿

I have today received an invoice numbered 567, which shows the item "new hair-gel XI series". However, I have already received an invoice for this order. Invoice no. 565 was for hair-gel XI-101, which I know is the new hair-gel.

So I have no idea what invoice no. 567 is for. Please advise.

本日、「新ヘアジェル XI シリーズ」と書かれ、567 と番号の付いた請求書を受け取りました。しかしながら、私はすでにこの注文に対して請求書を受け取っています。請求書番号 565 は、新しいヘアジェルであるヘアジェル XI-101 に対してでした。

そのため、請求書番号 567 が何に対するものかわかりません。ご連絡お願いします。

(5) 確認 Confirmation

Dear _____

I write to confirm receipt of the new product samples you listed in your message.

My manager and I have already had a short discussion about the samples, but after we have had an opportunity to carry out a more thorough evaluation, I shall send a more formal response.

あなたからのメッセージの中で一覧にされていた新製品のサンプルを受け取りました(ことを確認するために書いています)。

マネジャーと私は、すでにサンプルについて少し話しましたが、より十分な評価をする機会を持った後に、これよりもフォーマルな返答を差し上げたいと思います。

Dear _____

I write to acknowledge the safe arrival of the hair-spray samples from your factory.

The samples look good. My next meeting with our sales team is scheduled for October 2nd, but I may try and bring it forward. I shall advise you as soon as I have received feedback from them.

御社の工場から、ヘアスプレーのサンプルが安全に到着しました(ことをお伝えするために書いています)。

サンプルは、よくできていると思います。弊社のセールスチームとのミーティングを10月2日に予定していますが、それより前にできればと思います。彼らから感想を聞いたらすぐにお伝えします。

Dear ＿＿＿＿

As a confirmation of our phone call, we will require two sets of barcode labels by the end of the month. One is for the new item, HS-300 and the other is for a two-piece pack of HS-300 and HS-200.

As discussed, we also require the final graphics for a card that will be inserted in the two-piece pack.

Please let me know when you expect to ship them to us.

電話の確認ですが、弊社は月末までにバーコードラベルが2セット必要です。1セットは新商品であるHS-300用、もう1セットはHS-300とHS-200の2個入りパック用です。

お話ししました通り、2個入りパックに入れるカードの最終のグラフィックアートも必要です。

これらを送っていただける時期をお教えください。

Dear ＿＿＿＿

Many thanks for your reply. I have forwarded the information to AB store and they will let us know the order quantity and delivery date.

123

Can you please confirm if it is possible to manufacture this product in next few weeks?

ご返信をどうもありがとうございました。情報を AB ストアへお送りしましたので、彼らは(追って)注文数量と配送期日を弊社に連絡してくれます。

この製品を次の 2、3 週間で製造できるか、ご確認いただけますか。

(6) 通知／案内 Notification / Information

Dear _____

Please look at our competitor AB Company's website:
HYPERLINK "http://www.xxxx.com"

They have a few new products, some new hair-gels and a hair-spray. They have not yet been listed in their paper catalog.

競合他社 AB カンパニーのウェブサイトをご覧ください。
ハイパーリンク "http://www.xxxx.com"

彼らには 2、3 の新製品があります。いくつかの新しいヘアジェルとヘアスプレーです。これらは、まだ彼らの紙のカタログには掲載されていません。

Dear _____

The attached information is for your reference only as we do not currently receive any chemical products from your country. It relates to new Japanese government safety requirements for shipment of chemical products.

添付の情報は、現在貴国から何の化学製品も受け取っていませんので、ただ参考にしていただきたい事柄です。これは化学製品の出荷に関する、日本政府の新しい安全要求事項についてです。

Dear _____

We have a number of empty floor-stands still available in stock so we do not require any additional floor-stands. However, thank you for the offer.

弊社には、たくさんの空のフロアスタンドがまだ在庫にありますので、追加のフロアスタンドは必要ありません。しかしながら、ご提案をありがとうございました。

Dear _____

Please be advised that we will not be placing an order for XI-101 this month.

今月はXI-101の注文はしませんことをお伝えいたします。

Dear _____

We have made a flyer for the hair-gel product to assist in promoting the new models. Some customers have requested the flyer.

I am sending you some sample copies this afternoon, please let me know if you would like any.

私たちは、新モデルのプロモーションを支援するために、ヘアジェル製品のチラシをつくりました。何件かの顧客が、このチラシを要求されました。

今日の午後、いくらかサンプルをお送りしますので、もし必要であればお教えください。

Dear _____

This is just a quick note to let you know that the product samples arrived today in good condition.

これは、本日よい状態で製品サンプルが到着したことをお伝えするための（単にさっと書いた）メモです。

(7) お詫び Apology

Dear _____

My apologies for confusion. I should have requested AGF-b parts instead of AG-b. AG-b was the old code we used until last year. I hope this helps resolve your query.

混乱させてしまい申し訳ありません。私はAG-bの代わりに、AGF-bの部品をお願いすべきでした。AG-bは、弊社が昨年まで使っていた古いコードでした。これが疑問の解決の助けになれば、と思います。

Dear _____

I ordered some hair-gel XI-101 on order no. 567 last week but unfortunately I now need to cancel them from the order. It was for 48 cartons of each of small and medium sizes.

Sorry for the inconvenience.

先週、注文番号567で、いくつかのヘアジェルXI-101を注文しましたが、あいにく今注文からそれらをキャンセルする必要が生じました。それ（注文）は、スモールサイズとミディアムサイズ、それぞれ48カートンでした。

お手数をお掛けして申し訳ありません。

Dear _____

We would like to apologize for the delay in your order no. 123. Inventory errors are rare but can occur and we are still working to fulfill your order. You will be notified as soon as it has shipped.

We realize delivery time can be critical and we would like to offer you a refund if you would prefer not to wait. To cancel the item and receive a full refund, please reply to this email and a customer service representative will happily assist you.

If you are happy to wait, you do not need to do anything. Once again, we apologize for the delay.

御社のご注文番号123の遅延についてお詫び申し上げます。在庫切れは稀ですが、生じることがあり、弊社はまだご注文の出荷準備中です。出荷したら

すぐに、ご連絡が参ります。

配送(までの)時間は非常に重要だと承知しておりますので、お待ちになられたくない場合には、払い戻しをご提案させていただきます。商品をキャンセルして、全額の払い戻しを受け取られるには、このEメールにご返信くだされば、カスタマーサービスの担当者が適切に対応いたします。

もしお待ちいただける場合には、何もしていただく必要はございません。あらためて遅延についてお詫び申し上げます。

Dear ＿＿＿＿＿＿

I am sorry, but as we were unable to supply the item, your order has been cancelled and refunded.

I apologize for any inconveniences this has caused.

申し訳ございませんが、私どもはこの商品を供給することができかねます。あなたのご注文はキャンセルされ、払い戻しされました。

ご不便をお掛けいたしましたこと［このキャンセルが生じさせたご不便］をお詫びいたします。

Dear ＿＿＿＿＿＿

We are terribly sorry for the mistake. We have issued a full refund. Please keep the item. Sorry for the inconvenience.

間違いがありまして、誠に申し訳ございません。全額の払い戻しをさせてい

ただきました。商品は、そのままお手元にお持ちください。ご不便をお掛けして申し訳ございません。

Dear ＿＿＿＿＿＿

We are very sorry that due to the national holiday in Japan, you may experience a two to three day delay in delivery of your order.

We apologize for any inconvenience.

日本の祝日のため、ご注文の配送に2、3日の遅れが生じるかもしれません。誠に申し訳ございません。

ご不便(をお掛けしますこと)にお詫び申し上げます。

第4章

英文ビジネスEメールの「シチュエーション別例文」と「書き出し／結び」のセンテンス

1. シチュエーション別例文
2. 「書き出し」と「結び」のセンテンス

本章は、ビジネスでそのまま使えるシチュエーション別の例文、Eメールの「書き出し」と「結び」に便利なセンテンスの紹介です。

第4章

1 シチュエーション別例文

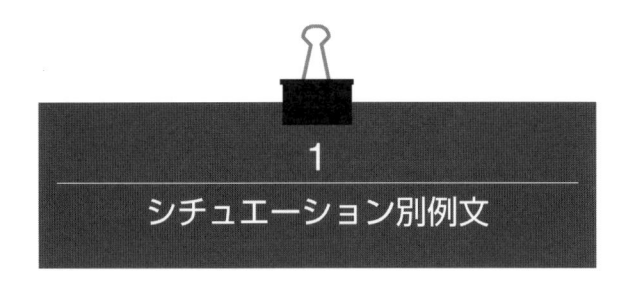

本節では、以下の分類で例文を紹介します。

(1) スモールビジネス／インターネット取引
　　Small Business / Internet Trade
(2) 出張
　　Business Trips
(3) お礼状
　　Thank You Letters
(4) 不在中／休暇
　　Out of Office / Holidays
(5) 昇進
　　Promotion
(6) 人事異動／退職
　　Personnel Transfers / Resignations
(7) E メールアドレスの変更
　　Change of Email Address
(8) お見舞い
　　Get Well
(9) お悔やみ／慰めの言葉
　　Condolence / Sympathy

英文ビジネスEメールの「シチュエーション別例文」と「書き出し／結び」のセンテンス

(1) スモールビジネス／インターネット取引
Small Business / Internet Trade

Dear ＿＿＿＿＿＿

Thank you for placing an order with CDE Books. Your order no. 0976 has been processed and shipped via standard international air-mail on 16 June 2012.

Title	Quantity	Price
Human Resource Development	1	JPY 2,500

Subtotal: JPY 2,500　　Shipping: JPY 1,000　　Order Total: JPY 3,500

Standard International air-mail shipments are expected to arrive in 1 to 3 weeks although they may take 4 to 6 weeks because of delays in customs. If you have any questions about your order, feel free to email us at xxx@xxxxx.com.

Thank you for your order,
CDE Books Customer Services

CDEブックスへご注文をいただき、ありがとうございます。ご注文番号0976は手配され、2012年6月16日にエアメール普通便で出荷されました。

タイトル	数量	価格
人材開発	1	2500円

小計：2500円　配送料：1000円　注文合計：3500円

エアメール普通便は、税関での遅れにより4から6週間掛かることがありま

すが、1から3週間で到着する見込みです。ご注文について何らかの質問がおありでしたら、弊社 xxx@xxxxx.com までお気軽にEメールをお願いします。

ご注文をありがとうございました。
CDEブックス　カスタマーサービス

Dear ＿＿＿＿＿＿

Thank you for placing an order with CDE Books. Unfortunately the following item is no longer available and cannot be shipped:

Title	Quantity	Price
Human Resource Development	1	JPY 2,500

We have issued a refund for this item, which should appear on your next credit card statement. If you have any questions about your order, do not hesitate to email customer services at xxx@xxxxx.com.

Sincerely,
CDE Books Customer Services

CDEブックスへご注文をいただき、ありがとうございます。あいにくでございますが、以下の商品は、もう入荷できない状態にあり、出荷することができません。

タイトル	数量	価格
人材開発	1	2500円

弊社は、この商品の払い戻しをいたしました。お客様の次回のクレジットカード明細書に記載されるはずです。ご注文について質問がおありでしたら、何なりとカスタマーサービス xxx@xxxxx.com へ E メールをお願いいたします。

敬具
CDE ブックス　カスタマーサービス

Dear ＿＿＿＿

Thank you for your purchase of the Rolling Stones' "Goats Head Soup" audio. It was dispatched via air-mail today with an estimated delivery date of 4-7 days.

ザ・ローリング・ストーンズの『山羊の頭のスープ』音声(映像[DVD]などと区別するための記載)のお買い上げ、ありがとうございました。本日エアメールで発送され、4～7 日で到着する見込みです。

Dear ＿＿＿＿

Thanks for your purchase. Your book will be sent via air-mail today, August 01, 2016.

ご購入ありがとうございます。あなたの本は、本日 2016 年 8 月 1 日にエアメールで出荷されます。

第4章

Dear _____

Thank you for your order.

We are pleased to inform you that the book you ordered from us through the website auction was shipped via post office air-mail on 22nd February 2012.

Title: Japanese History
Order received: 21st February 2012
Auction order number: 123
Buyer's Name: John Brown
Buyer's Email: xxx@xxxxx.net

Shipped to: John Brown
123 Fine Street, San Francisco, California 99000 U.S.A.

Price: JPY 5,000   Shipping Cost: JPY 1,000   Total: JPY 6,000

Packages shipped via air-mail usually take 1 to 2 weeks for delivery, though occasionally delays of up to 4 weeks may occur due to international customs processing. If your shipment does not arrive by 16th April 2012, please contact us at xxxx@xxxxx.com.

You may find answers to any other general questions here: HYPERLINK "http://xxxx.com"

CDE Books Customer Services

英文ビジネスEメールの「シチュエーション別例文」と「書き出し／結び」のセンテンス

ご注文をありがとうございます。

ウェブサイトのオークションでご注文いただいた本は、2012年2月22日に郵便局のエアメールで発送された旨お伝えいたします[お伝えできることを嬉しく思います]。

タイトル：日本史
受注日：2012年2月21日
オークション注文番号：123
購入者氏名：ジョン・ブラウン
購入者Eメール：xxx@xxxxx.net

送付先：ジョン・ブラウン
123 ファイン・ストリート、サンフランシスコ、カリフォルニア 99000　米国

価格：5000円　　　配送料：1000円　　　合計：6000円

エアメールで送付されたパッケージは、国際税関の手続きのため稀に4週間まで遅れることがありますが、通常は1から2週間で配送されます。もし商品[積み荷]が2012年4月16日までに届かなければ、xxxx@xxxxx.com へご連絡ください。

よくある質問の回答は、こちらでご覧いただけます：
[他の一般的なご質問は、こちらで回答が得られるでしょう：]
ハイパーリンク "http://xxxx.com"

CDEブックス　カスタマーサービス

第 4 章

Dear _____

This is to confirm that we have shipped the order below today. Shipping typically takes 4 to 14 business days. If you have not received your order by then please contact us by emailing xxxx@xxxxx.com.

We would like to thank you for your purchase and hope you choose to shop with us again soon.

これは、本日下記のご注文を出荷したことを確認するものです。輸送は、通常 4～14 営業日掛かります。それまでにご注文品を受け取られなかった場合には、xxxx@xxxxx.com へ E メールでご連絡をお願いします。

ご購入いただき誠にありがとうございます。また近く、お買い物で当社をお選びいただければ幸いです。

Dear _____

Thank you for your recent purchase from xxxx.com. Your order number is 097.

Your order will be shipped by air-mail within 24 hours. We are closed on Sundays and national holidays and please note that international orders can take a few days longer to process.

Thanks again for your order and we hope to be of service in the future.

先頃の xxxx.com からのご購入をありがとうございます。ご注文番号は 097 です。

英文ビジネスEメールの「シチュエーション別例文」と「書き出し／結び」のセンテンス

あなたのご注文は、24時間以内にエアメールで出荷されます。弊社は日曜日と祝日はお休みをいただいております。なお海外からのご注文は、手配に2、3日長く掛かることがありますことにご留意ください。

ご注文に再度お礼申し上げます。今後とも、よろしくお願い申し上げます［近い将来にもサービスをさせていただけましたら幸いです］。

Dear ＿＿＿＿＿

I ordered a CD "Portrait in Jazz" by Bill Evans through your website on February 17. The order number was 0908. I received a package today, but it was the wrong item, I received a Miles Davis DVD instead.

Please confirm by return if you would send me the Bill Evans CD or give me a refund. Also, what would you like me to do with the DVD I received?

私は2月17日に、御社のウェブサイトでビル・エバンスのCD『ポートレイト・イン・ジャズ』を注文しました。注文番号は0908です。本日パッケージを受け取りましたが、間違った商品で、代わりにマイルス・デイビスのDVDを受け取りました。

ビル・エバンスのCDを送ってもらえるか、あるいは払い戻しをしてくれるか、折り返し確認してください。また、私が受け取ったDVDはどうすればよいでしょうか。

139

第4章

Dear _____

I am writing to let you know that I have requested a refund on your behalf and forwarded your request to our refund department. Please allow them 2-3 business days for the refund to appear in your web account.

Please be aware that refunds will only be provided for items that have not been shipped at the time the refund is processed.

I apologize about the inconvenience but hope to win your business again in the future as we offer the best selection of and prices on CDs and books on the web.

私は、あなた様に代わり払い戻しを依頼し、リクエストを弊社の払い戻し担当部門へ転送したことをお伝えいたします[お伝えするために書いています]。ウェブ上のアカウントに払い戻しと表示するまで、彼らに2、3営業日を(お許し)いただけますでしょうか。

払い戻しは、払い戻しの手続きがされるときに未出荷の商品に対してのみ行なわれることをご承知おきください。

ご不便をお掛けしますことをお詫び申し上げます。しかしながら、私どもはウェブ上でCDと本の、ベストセレクションとベストプライスを提供しておりますので、今後また、ご注文いただけましたら幸いでございます。

Dear _____

Thank you for your order, which was recently shipped from our warehouse. Our website is currently quoting only domestic delivery times in the shipping notification, but our international delivery time for this item is about 14 days.

Please let me know if there is any delay beyond this.

Thanks again for shopping at our store.

ご注文をありがとうございました。先だって当店倉庫から出荷いたしました。私どものウェブサイトは、現在のところ出荷のご案内において、国内の配送時期しか表示しておりませんが、この商品の海外配送の日数は、おおよそ14日です。

これ[この日数]よりも遅れがあるようでしたら、お教えくださいませ。

当店でのお買い物に、再度お礼申し上げます。

Dear ＿＿＿＿＿＿

Thank you for contacting customer services. I am happy to assist.

I have canceled your order as per your request. Please let me know if I can assist you in any other way.

カスタマーサービスへご連絡をいただき、ありがとうございます。サポートさせていただくことを嬉しく思います。

あなたからのリクエストでご注文をキャンセルいたしました。もし他にもサポートできることがあれば、どうぞお教えください。

第4章

Dear _____

Thank you for contacting customer services.

I have checked your account personally. Our system is showing that your order was refunded on 20th January 2013.

Please allow a few more days for processing.

カスタマーサービスへご連絡をいただき、ありがとうございます。

私自身があなたのアカウントを確認いたしました。私どものシステムは、あなたのご注文は、2013年1月20日に払い戻しされたと表示しています。

(事務)処理のために、2、3日(お許し)いただけますでしょうか。

Dear _____

I have not received my CD and I wonder if you have shipped it. The order number is 786. Please let me know.

私の(注文した)CDを受け取っていませんが、出荷してもらえたでしょうか。注文番号は786です。ご連絡ください。

Dear _____

The item did ship on 6 October 2012. Items shipping overseas can take longer, so please be patient. Please let me know if it has not arrived in 21 days.

商品は 2012 年 10 月 6 日に出荷されました。海外への発送商品は、（国内よりも）時間が長く掛かりますので、ご辛抱いただければと思います。21 日以内に届かなければお教えください。

Dear ＿＿＿＿

Your order was dispatched on 5th April 2012 via international standard mail from Japan. Unfortunately, we do not have a tracking number for your shipment.

あなたのご注文は、日本から国際普通便で 2012 年 4 月 5 日に発送されました。あいにく私たちは、あなたの積み荷の追跡番号を持っておりません。

Dear ＿＿＿＿

If you get the chance, please visit our other website at www.xxxx.net. This site has thousands of hard-to-find items at low prices. It has been extremely popular among antique collectors wanting a good deal.

機会がありましたら www.xxxx.net で、私たちの別のウェブサイトをご訪問ください。このサイトには、数多くの入手困難な品が低価格で（用意して）あります。お得な買い物をされたいアンティーク収集家の間で、非常に人気があります。

Dear ＿＿＿＿

Please include all previous correspondence with us when you respond to this email.

このEメールに返信される場合には、私どもとのこれまでの通信文をすべて含めて（添付して）ください。

Dear ＿＿＿＿＿＿

Please respond to the email I sent you yesterday.

昨日私が送ったEメールに返答してください。

(2) 出張 Business Trips

＊出張が決まってから現地に赴く加藤一郎と、現地担当者 Michael とのEメールのやり取りです。（おおまかに）順を追ったストーリーになっています（一方からのEメールが連続する箇所もあります）。まずは Michael からEメールが届きます。

Dear Mr. Kato

My supervisor has advised me that you will visit us for the up-coming sales meeting. Would you like me to help you reserve your accommodation or you would like to make your own arrangements?

I have two accommodation suggestions.
1) In our own facility. This is walking distance to our office where the meeting will be. The room rate is also relatively low compared to a hotel in the city. However, it is away from the city area and other attractions.
2) A hotel in the city. You would have to shuttle between the city center and our office. In the morning rush-hour, the journey might take you an hour or so.

Please let me know your preference and I can make the booking.

Sincerely yours,
Michael

加藤様

私の上司が、追って開催されるセールスミーティングのために、あなたが弊社へお越しになると教えてくれました。宿泊の予約をお手伝いいたしましょうか。あるいはご自身でご準備なさいますか。

宿泊のご提案が２つございます。
1) 弊社の施設。ミーティングが行なわれる私どもの事務所まで歩ける距離です。部屋代も市街のホテルと比べると、比較的低めです。しかしながら、市街や他のアトラクションからは離れています。
2) 市街のホテル。市街の中心地と私どものオフィスを往復されることになります。朝のラッシュ時には、移動で１時間ほど掛かるかもしれません。

お好みの方をお教えください。それで私が予約することができます。

敬具
マイケル

Dear Michael

Thank you for your kind message.
I would appreciate it if you could please reserve my accommodation in your facility. I prefer to stay near your office.

I will need to use the Internet during my stay, so can you please confirm

第4章

the room in your facility has Internet access. I appreciate it if you could kindly let me know.

Thank you again for your help.
Ichiro Kato

マイケルへ

親切なメッセージをありがとうございます。
御社の施設で宿泊の予約をしていただければ、ありがたいです。御社のオフィスの近くに泊まりたい意向です。

私は滞在中にインターネットを使う必要がありますので、御社の施設の部屋にインターネット・アクセスがあることを確認してくださいますか。すみませんが、お教えいただければ幸いです。

助けていただいて感謝しています。
加藤一郎

Dear Mr. Kato

I am booking an Executive Deluxe room for you at our own facility.
(http://www.xxx.ddd.com)
Check-in: 20th September 2015
Check-out: 27th September 2015

All guestrooms are equipped with safes, cable TVs, Internet (wireless and cable), mini fridges, and daily housekeeping is provided.

I will be preparing a guide and location map of the area to help you get around. I will send them to you when ready.

Thanks,
Michael

加藤様

私どもの施設で、エグゼクティブ・デラックス・ルームを予約します。
(http://www.xxx.ddd.com)
チェックイン：2015年9月20日
チェックアウト：2015年9月27日

すべてのゲストルームは、金庫、ケーブルテレビ、インターネット（ワイヤレスとケーブル）、小型冷蔵庫が備えてあり、毎日のハウスキーピングもあります。

周囲を（見て）まわる助けになるよう、地域のガイドブックと地図を用意いたします。準備ができたらお送りします。

ありがとうございます。
マイケル

Dear Mr. Kato

I am sorry to inform you that none of our executive deluxe rooms were available for the period mentioned.

Would you consider a twin room instead? Please get back to us as soon as possible as there are not many twin rooms left.

第４章

Thanks,
Michael

加藤様

(先だって)お話しした日程では、私たちのエグゼクティブ・デラックス・ルームは１部屋も空室がなかったことをお伝えいたします。申し訳ございません。

代わりにツインルームをご検討いただけますか。ツインルームの空室は残り少ないため、できるだけ早くお返事ください。

ありがとうございます。
マイケル

Dear Michael

Thank you for your message.
I appreciate it if you could please change the booking to a standard room instead.

Kind regards,
Ichiro Kato

マイケルへ

メッセージをありがとうございます。
予約は代わりにスタンダードルームへ変更していただけたら幸いです。

よろしくお願いします。
加藤一郎

Dear Mr. Kato

I am sorry to inform you that the standard room you requested was not available.

I took the liberty of confirming the twin room for you instead. I hope this is acceptable to you.

Regards,
Michael

加藤様

あなたがリクエストされたスタンダードルームは、空室がなかったことをお伝えします。申し訳ございません。

勝手ながら、代わりにツインルームを確認(予約)しました。これで受け入れていただけることを願います。

よろしくお願いします。
マイケル

第4章

Dear Michael

Yes, a twin room would be fine. Please confirm by return that I will be the only occupant.

Kind regards,
Ichiro Kato

マイケルへ

はい、ツインルームで結構です。私が1人で使えること[唯一の占有者であること]を折り返しご確認ください。

よろしくお願いします。
加藤一郎

Dear Mr. Kato

Yes, I can confirm that you will be the only occupant.

Michael

加藤様

はい。あなた1人の使用で間違いありません[あなたが唯一の占有者になることを確認できます]。

マイケル

ホテル予約に関連して「よく使うセンテンス」

Please find your room confirmation number below for your reference.
ご参考に、下記のあなたの部屋の確認番号をご覧ください。

I have received your booking form via fax.
ファックスで予約用紙を受け取りました。

No other type of room is available, except for a twin room.
ツインルーム以外の他のタイプの部屋は空きがありません。

Please proceed with the booking of the twin room for our visitor.
私たちのビジターのために、ツインルームで予約を進めてください。

A standard room would be fine.
スタンダードルームで大丈夫です。

I would appreciate it if you could please tell me the hotel rate.
ホテルの料金を教えていただけるとありがたいです。

I hope the above arrangement is OK with you.
上記の手配で大丈夫であることを願います。

Thank you. I am very happy with the arrangements.
ありがとうございます。この手配でたいへん満足しています。

Please find attached the hotel details for your visit to Tokyo.
添付した、あなたの東京訪問に際したホテルの詳細をご覧ください。

第 4 章

Dear Mr. Kato

Please find attached the program for the international sales meeting.

The meeting is confirmed for 21st to 27th September. Your presentation will be on "Web Marketing in Japan", which will focus on the current situation and future perspective of web marketing in your country.

Your session is about 45 minutes. You can share some case studies of your experiences. I have also attached a template of the speaker CV for your reference.

Please can you fill this in and return it to me by the end of this week so I can circulate it to the meeting organizing committee.

Thank you,
Michael

加藤様

添付の国際セールスミーティングのプログラムをご覧ください。

ミーティングは、9月21日から27日に決定しています。あなたのプレゼンテーションは、貴国のウェブ・マーケティングの現状と将来の展望に焦点を当てた「日本におけるウェブ・マーケティング」になります。

あなたのセッションは、おおよそ45分です。ご経験に基づいた、いくつかのケーススタディを共有していただけます。ご利用いただければと思い、スピーカーの履歴書（CV = curriculum vitae）のひな形も添付しました。

英文ビジネスEメールの「シチュエーション別例文」と「書き出し／結び」のセンテンス

ミーティングを主催する委員会に渡せるよう、今週の終わりまでに、これ(に必要事項)を記入し、お戻しいただけますでしょうか。

ありがとうございます。
マイケル

Dear Michael

Thank you for your email. Please find the following attached.
-My CV (Excel)
-My picture (JPEG)

I will send some presentation materials next month. I am looking forward to working with you in September.

Thank you again for your support.
Ichiro Kato

マイケルへ

Eメールをありがとうございます。添付した次のものをご覧ください。
―私の履歴書 (Excel)
―私の写真 (JPEG)

来月には、いくつかのプレゼンテーション資料を送ります。9月にあなたと仕事をすることを楽しみにしています。

サポートに再度感謝します。
加藤一郎

153

第4章

Dear Mr. Kato

Thank you for your prompt response.
Your CV and photo look good. Please send me the lecture material when ready.

I am looking forward to working with you too.

See you in September.
Michael

加藤様

迅速な返答をありがとうございます。
あなたの履歴書と写真は問題ありません［よくできています］。講義の資料は、でき上がりましたらお送りください。

私もあなたと仕事ができるのを楽しみにしています。

9月にお会いしましょう。
マイケル

Mr. Kato

My London counterpart has asked me if you need a translator for your presentation. Looking at your CV I believe your spoken English is very proficient, but do let me know if you need one.

Regards,
Michael

加藤様

私たちのロンドンの担当者が、あなたのプレゼンテーションで通訳は必要かと聞いてきました。履歴書を拝見すると、英語でのお話はたいへんお上手に思えますが、もし必要でしたらお教えください。

よろしくお願いします。
マイケル

Dear Mr. Kato

This is just to remind you to send materials for your presentation at the international sales meeting.

Also, please let me know by 10th September if you need any AV equipment so I can let the organizing team know.

Thanks,
Michael

加藤様

これは［このメールは］、ただ国際セールスミーティングのプレゼンテーション資料をお送りいただくよう、リマインド［思い起こしてもらうために案内］させていただくものです。

第4章

なお、準備をするチームに伝えますので、何らかの音声映像（AV＝audio-visual）装置が必要であれば、9月10日までにお教えください。

ありがとうございます。
マイケル

Dear Michael

I hope you are well. I am about to email you some lecture materials for the September sales meeting.

I have prepared three PDF files. One of these is 3.5MB. Is it OK to send this by email?

I would appreciate it if you could please let me know. It is always worth asking when sending such a big file.

Thank you,
Ichiro Kato

マイケルへ

お元気のことと存じます。9月のセールスミーティングの講義資料をいくつかお送りするところです。

PDFファイルを3つ用意しました。これらのうち1つは3.5MBあります。これをEメールで送って差し支えありませんか。

教えてもらえるとありがたいです。こうした大きなファイルを送るときは、いつでも尋ねた方がいいですから。

ありがとうございます。
加藤一郎

Dear Mr. Kato

Thanks for letting me know about the large attachment. It is not a problem, I have a fairly large capacity on my mail server so it should be OK.

Please go ahead and send them.

Thanks,
Michael

加藤様

(容量の)大きな添付ファイルについて教えてくださり、ありがとうございました。それは問題ではありません。私のメールサーバーには、かなり大きな容量がありますので大丈夫なはずです。

どうぞ、それらの資料をお送りください。

ありがとうございます。
マイケル

Dear Michael

Thank you for reminding me about the presentation materials. Please find them attached.

第4章

At the conference, I will talk about our current activities on web marketing and other companies' efforts.

As part of my presentation, I would like to show the attached files using a projector (no sound necessary). I will also bring the PowerPoint file with my own PC. I am only sending this PDF file today because the PowerPoint file is nearly 20MB.

I hope this material and topic are suitable for the meeting.

Sincerely,
Ichiro Kato

マイケルへ

プレゼンテーション資料についてリマインドして[想起させて]くださり、ありがとうございます。添付の資料をご覧ください。

会議では、ウェブ・マーケティングに関する私たちの現在の活動と他社の取り組みについて話します。

私のプレゼンテーションの一部で、プロジェクターを使って、添付したファイルを見せたいと思います(音響は必要ありません)。また、自分のコンピューターにパワーポイントのファイルを入れて持っていきます。そのパワーポイントのファイルは20MB近くありますので、今日はこのPDFファイルだけをお送りします。

この資料とトピックがミーティングに合っていることを願います。

よろしくお願いします。
加藤一郎

英文ビジネスEメールの「シチュエーション別例文」と「書き出し／結び」のセンテンス

Dear Michael

Thank you for your message.

Please find the files attached. I would like to use these materials for my lectures in the first three days.

I would appreciate it if you could please print these and hand them to the participants.

Thank you again for your help. I am looking forward to seeing you soon.

Ichiro Kato

マイケルへ

メッセージをありがとうございました。

添付のファイルをご覧ください。はじめの3日間、これらの資料を講義に使いたいと思います。

これらをプリントしていただき、参加者に配布していただければ幸いです。

手伝ってくださり、ありがとうございます。近くお会いできるのを楽しみにしています。

加藤一郎

第4章

Dear Mr. Kato

Thanks for your prompt response.

I have received your three files. I will have them printed for distribution during the lectures.

I will also forward your slides and AV requirement to the organizer.

Thanks,
Michael

加藤様

迅速な返答をありがとうございます。

3つのファイルを受け取りました。講義の間に（参加者に）行き渡るよう、プリントしておきます。

また、あなたのスライドと音声映像（AV＝audio-visual）で必要なものを主催者［担当者］へ伝えておきます。

ありがとうございます。
マイケル

Dear Michael

I am wondering if someone will pick me up at the airport on 20th September?

It is not a problem if not, I was just wondering if you normally send a driver to pick up visitors at the airport. Could you please let me know.

If you normally do, my flight is JL000 from Osaka, arriving at London at 10 am.

Thank you,
Ichiro Kato

マイケルへ

9月20日は、空港で誰かが私をピックアップしてくださるのでしょうか。

そうでなくても構いませんが、通常御社は、空港で訪問者をピックアップする運転手を送られているか、と思っただけです。どうかお教えください。

通常、そうされるのであれば、私のフライトは大阪からのJL000便で、ロンドンへ午前10時に到着します。

ありがとうございます。
加藤一郎

Dear Mr. Kato

Sorry, we do not normally arrange for a driver to pick up guests at the

第4章

airport because we do not have any in-house drivers. We usually provide guests with a detailed map and addresses so they can pass this to the cab driver.

However, if you need help getting here from the airport, I can make the arrangement for you.

Please let me know.

Thanks,
Michael

加藤様

申し訳ありません。私どもはお抱え運転手がいませんので、空港で運転手がゲストをピックアップする手配は通常しておりません。普段は、ゲストの方々がタクシーの運転手に渡せるように、詳しい地図と住所をお渡ししています。

しかしながら、もし空港からお越しになるのに助けが必要でしたら、手配をすることができます。

どうぞお教えください。

ありがとうございます。
マイケル

Dear Michael

I have received your message. Please do not worry about transport. I will take a cab to get to your office. It is no problem at all.

Regards,
Ichiro Kato

マイケルへ

メッセージを受け取りました。移動については、ご心配なさらないでください。御社のオフィスへはタクシーを使います。まったく問題ありません。

よろしくお願いします。
加藤一郎

Dear Mr. Kato

I have managed to arrange someone to pick you up from the airport on the 20th September.

Please let me know your flight details again.

Thanks,
Michael

加藤様

9月20日に、空港からあなたをピックアップする人を手配することができました。

もう一度フライトの詳細をお教えください。

ありがとうございます。
マイケル

第４章

Dear Mr. Kato

My colleague will pick you up from the airport. I have shown him your photo and hopefully he will recognize you. He will be holding a board with your name for identification.

My cell number is 7730-000-000 in case you need to reach me for anything.

Have a pleasant flight.
Michael

加藤様

私の同僚が空港からあなたをピックアップします。お写真を彼に見せていますので、気付いてくれると思います。彼は、わかっていただけるように、あなたのお名前の入ったボードを手に持っています。

何かで私に連絡が必要な場合、私の携帯番号は、7730-000-000 です。

快適なフライトを。
マイケル

Dear Michael

Thank you for your message. I appreciate your colleague coming to the airport.

Ichiro Kato

マイケルへ

メッセージをありがとうございます。同僚の方が空港に来てくださるとのこと、感謝します。

加藤一郎

Dear Mr. Kato

I am looking forward to meeting you next week.
I wish you a safe journey.

Michael

加藤様

来週、お会いできるのを楽しみにしています。
安全な旅になりますように。

マイケル

Dear Mr. Kato

Please find below the photos I had taken for you.
HYPERLINK: http://xxxx.com/xxxx/2345

第 4 章

You can also download any photos you like from the gallery.

Once I have the photos taken on the last day of the meeting, I will also upload these to this gallery.

Regards,
Michael

加藤様

以下はあなたのために撮った写真です。どうぞご覧ください。
ハイパーリンク：http://xxxx.com/xxxx/2345

このギャラリーからは、お好きな写真をどれでもダウンロードしていただけます。

ミーティングの最終日に撮った写真を入手しましたら、それらもこのギャラリーにアップロードいたします。

よろしくお願いします。
マイケル

Dear Mr. Kato

Please find more photos from the meeting at my photo gallery at http://xxxx.com/xxxx/2345.

Michael

加藤様

私のフォトギャラリー http://xxxx.com/xxxx/2345 で、ミーティングの他の写真もご覧ください。

マイケル

(3) お礼状 Thank You Letters

Dear ＿＿＿＿＿

It was a pleasure meeting you at the conference dinner. I was quite impressed by your speech and glad to sit on the same table.

I would like to thank you again for your kind message. I learned a lot from you and look forward to seeing you again. Thank you very much.

コンファレンスのディナーでお会いでき嬉しく思いました。あなたのスピーチにはたいへん感銘を受け、同じテーブルに座ることができて光栄でした。

ご親切なメッセージ（をいただいたこと）に再度感謝いたします。あなたからは多くを学びました。またお目に掛かれますことを楽しみにしています。誠にありがとうございました。

Dear ＿＿＿＿＿

It was a pleasure seeing you in California. You have been so kind to me. I enjoyed staying in your country very much.

If you have a chance to visit Japan, please be my guest. I hope to visit your office again in the future and look forward to seeing your people again.

Thank you again for your kindness.

カリフォルニアでお会いできて嬉しく思いました。とても親切にしていただきました。貴国での滞在を満喫しました。

日本へいらっしゃる機会があれば、私にお世話をさせてください。またいずれ、御社のオフィスを訪問させていただきたいと存じます。御社の皆さんに、またお会いできるのを楽しみにしています。

ご親切に再度、感謝申し上げます。

Dear _____

Many thanks with your company at the dinner party last week. It was a pleasure to meet you. Thank you very much for sharing your valuable ideas with me.

As you know, our company manufactures and supplies all types of stationery. So you can know more about us, what we do and what we can provide, I am pleased to send you our official brochures for your consideration on future business development. Kindly acknowledge receipt.

Once again, thank you very much for your time.

先週のディナーパーティーでは、ご一緒いただき誠にありがとうございまし

た。お会いできて嬉しく思いました。価値あるアイディアを共有していただいたことに、たいへん感謝しております。

ご存知の通り、弊社はあらゆる種類の文具を製造、供給しております。弊社についてや、弊社の活動、供給できるものをさらに知っていただき、将来の取引の展開をご検討いただけますよう、弊社の公式パンフレットをお送りしますことを嬉しく存じます。恐れ入りますが、お受け取りになられましたら、お教えいただければ幸いです。

もう一度、お時間をいただいたことに深く感謝いたします。

Dear _____

It was our pleasure to have you with us for the international sales meeting and dinner on human resources development.

Thank you very much for attending and for the enjoyable dinner treat on the last day.

I am looking forward to meeting up again in the future and hope you had a good trip home.

国際セールスミーティングと人材開発のディナーにお越しいただきましたことを喜びに感じております。ご出席いただき、また最終日には楽しくディナーを振舞っていただき、誠にありがとうございました。

また近く、お目に掛かれることを楽しみにしています。お帰りの際には快適な旅をされたことを願っております。

Dear _____

It was my pleasure to host you too. You have been a great joy to talk to. I will pass the gift to our director when he comes back from his vacation.

I am sure we will see each other soon again.

おもてなしをさせていただき、私も嬉しく存じます。あなたはお話ししていて、たいへん楽しい方でした。私どもの部長が休暇から戻りましたら、ギフトを渡させていただきます。

またすぐにお会いできるでしょう。

(4) 不在中／休暇 Out of Office / Holidays

Dear _____

I will be out of the office from August 10th through August 25th. I will be on vacation for a week and then at our Taipei office for two weeks of meetings.

If you need to contact me, I will be checking my email regularly.

8月10日から8月25日まで、オフィスを不在にします。1週間休暇を取り、それから2週間のミーティングのために台北のオフィスにおります。

私へ連絡が必要な場合には、定期的にEメールを確認しております。

Dear _____

Our office will be closed from December 22nd through January 3rd. However, please note that I will be checking my emails while I am away.

12月22日から1月3日まで、弊社オフィスは閉まります。しかしながら、不在の間、私はEメールを確認していることをお伝えします。

Dear _____

Today is our last day before we close for the New Year holiday season. Our offices will be closed for seven days until January 4.

Should any critical issue arise during this period, please contact Mr. Koji Yamanaka on his cell phone 090-0000-0000.

本日は、新年の休暇シーズンで休みになる前の最終日です。私たちのオフィスは、1月4日まで7日間閉まります。

この期間に重要な問題が発生するようでしたら、山中浩二さんの携帯電話090-0000-0000へ連絡してください。

Dear _____

I will be away from the office from tomorrow, April 10, and returning on April 15.

We have a public holiday on Tuesday April 12, so the whole office will be closed then also.

第4章

私は、明日4月10日から不在にし、4月15日に戻ります。

4月12日火曜日は祝日ですので、この日はすべてのオフィスも閉まります。

(5) 昇進 Promotion

Dear _____

I have just learned that you have been promoted to marketing director. I am delighted you are now responsible for such important duties and my colleagues join me in offering you our heartiest congratulations.

(つい先日)あなたがマーケティング部の部長に昇進されたことを知りました。現在あなたが、たいへん重要な職務に責任を持たれている(立場にある)ことを嬉しく思います。私の同僚たちも、私とともに、心からお祝いの言葉をお贈りします。

Dear _____

Congratulations on your recent promotion to the overseas section manager. Please accept our best wishes for continued success. We look forward to an even closer working relationship with you.

先だって海外課の課長に昇進されたとのこと、おめでとうございます。今後ともご活躍されることと思います［続けて成功されることを私たちが願う気持ちを受け入れてください］。あなたと一層近しくお仕事させていただけることを楽しみにしています。

英文ビジネスEメールの「シチュエーション別例文」と「書き出し／結び」のセンテンス

(6) 人事異動／退職 Personnel Transfers / Resignations

Dear _____

Beginning on September 10th, Ms. Michiru Oda will start work at our UK Office in London as the new office assistant. Ms. Oda graduated from University of London last year with a bachelor degree in accounting. Please join me in welcoming her to the office.

If you have any queries, please contact Ms. Oda at: xxxxx@xxx.com.

9月10日より、小田みちるさんが、ロンドンの当社イギリス事務所で、新しいオフィス・アシスタントとして仕事をはじめます。小田さんは、昨年ロンドン大学で会計の学士号を取得し、卒業されました。私とともに、彼女を事務所へ(迎えることを)歓迎してください。

何かご質問があれば、xxxxx@xxx.com で小田さんにご連絡ください。

Dear _____

It was good to speak to you on the phone today. As I explained, Mr. Taro Tanaka will be responsible for daily contact between your company and ours from next month.

Please contact him on any matter. His email address is HYPERLINK "mail to: xxxx@xxxx.com".

I am sure he will be able to help you.

第4章

本日はお電話でありがとうございました［あなたとお話しできてよかったです］。ご説明しました通り、来月から田中太郎君が、御社と弊社の日常の連絡を担当します。

どのような事柄でも彼にご連絡ください。彼のEメールアドレスは、ハイパーリンク"メール: xxxx@xxxx.com"です。

彼はきっと(十分に)お役に立てることと存じます。

Dear ＿＿＿＿

I regret to inform you that I will be leaving CDE Inc. at the end of this month for personal reasons. Please accept my appreciation for the many courtesies you have shown me.

Mr. Taro Tanaka will be responsible for your company starting from next month. As you already know, he is very reliable and responsible and I am sure he will support you.

Until the end of this month, I will be helping him daily to support your company. I wish you and your company continued success.

個人的な理由［一身上の都合］により、今月末にCDE社を退職することをお伝えします(ことを残念に思います)。いろいろとご親切にしていただき感謝しています(という気持ちを受け入れてください)。

来月から田中太郎君が、御社の担当になります。すでにご存知の通り、彼はたいへん信頼でき、責任感もありますので、御社を(上手に)サポートすると思います。

今月末まで、私は御社をサポートするために、毎日彼を手伝うことになっています。あなたと御社の継続した成功を願います。

Dear ＿＿＿＿＿＿

I am very sorry to learn you will be leaving CDE Inc. at the end of this month. Many thanks for all your support and assistance to us during your term of office and may I take this opportunity to wish you all the best for the future in whatever you pursue.

今月末にあなたがCDE社を退職されることを知り、たいへん残念に思います。担当していただいた期間中のあらゆるサポートとご支援に深く感謝します。今後どのようなことに関わられるのであれ、この機会に、あなたのすばらしい未来をお祈りします。

Dear ＿＿＿＿＿＿

I am sorry to hear that you will be leaving CDE Inc. at the end of this week. Many thanks for your assistance during your time on the Japan desk and best wishes for the future.

今週末にあなたがCDE社を退職されることを聞き、残念に思います。あなたが日本を担当してくれた期間の支援に深く感謝し、すばらしい未来をお祈りします。

(7) Ｅメールアドレスの変更 Change of Email Address

Dear _____

I will be closing this email account in 20 days' time. Please change my email address in your address book to: xxxx@xxxxx.jp

20日のうちに、このＥメールアカウントを閉鎖します。あなたのアドレスブックの私のＥメールアドレスをxxxx@xxxxx.jpへ変更お願いします。

Dear _____

Effective immediately, I will no longer receive any emails addressed to xxx@xxx.net. Please either use my old ooo@ooo.com or new xxx@xxxx.jp address.

ただ今より、私はxxx@xxx.netへ宛てられたＥメールを受け取れなくなります。私の古いアドレスooo@ooo.comか、新しいアドレスxxx@xxxx.jpをお使いください。

(8) お見舞い Get Well

Dear _____

I was very surprised to hear that you are in hospital. Please accept my best wishes for your recovery. If there is anything that I can do, please do not hesitate to ask me.

あなたが病院にいると聞いて、とても驚きました。回復されることを心より祈ります(という気持ちを受け入れてください)。もし何か私にできることがあれば、遠慮なくいってください。

Dear ＿＿＿＿＿

We have just learned that you are on sick leave for one month. Me and my colleagues hope you get well soon. Please have a good rest and we hope to see you when you return.

私たちは先ほど、あなたが1ヵ月の病気休暇でいらっしゃることを知りました。私も同僚も、あなたが早く回復されることを願っています。よく静養され、お戻りになられたときにお目に掛かれれば幸いです。

(9) お悔やみ／慰めの言葉 Condolence / Sympathy

Dear ＿＿＿＿＿

We are sorry to learn of the passing of Mr. Lee and wish to extend our heartfelt sympathy. Your sorrow is shared by everyone in our company.

Yours sincerely,

リー氏がお亡くなりになられたと知り、誠に残念です。心からお悔やみ申し上げます。あなたの悲しみは、弊社のすべての従業員と分かち合われています[弊社の従業員も皆悲しみに暮れております]。

心を込めて

第4章

Dear _____

I was shocked to learn about the sudden loss of your uncle. I wish to offer my deepest sympathy for your loss. If there is anything I can do to help, please do not hesitate to let me know.

With heartfelt condolences,

あなたの叔父様が突然亡くなられたことを知り、動揺いたしました。あなたの悲しみに深く同情いたします。何か私にお助けできることがあれば、どうか遠慮せずにお教えください。

心からの哀悼の意とともに

英文ビジネス E メールの「シチュエーション別例文」と「書き出し／結び」のセンテンス

2 「書き出し」と「結び」のセンテンス

本節では

(1) E メールの「書き出し」に使う一文
(2) E メールの「結び」に使う一文

を紹介します。

E メールの書き出し、結びでは、どんな一文を書けばよいのでしょうか。本節のセンテンスの中から適切なものを選んで、そのまま使いましょう。これらを用いることで、英文ビジネス E メールは随分と書きやすくなります。

(1) E メールの「書き出し」に使う一文
Phrases and sentences to use at the beginning of emails

■ With regard to ～　～についてですが

・**With regard to** your inquiry,
　あなたからの問い合わせについてですが、

・**With regard to** the amended order we received on the 13th,
　13 日に受け取った修正された注文についてですが、

179

- **With regard to** your new product we have purchased,
  弊社が購入した御社の新製品についてですが、

■ Concerning ～　～についてですが

- **Concerning** our order for hair-gel XI-100,
  私たちのヘアジェル XI-100 の注文についてですが、

- **Concerning** your email I received yesterday,
  昨日受け取ったあなたからの E メールについてですが、

- **Concerning** the dozen boxes,
  それらのダース箱についてですが、

■ Regarding ～　～についてですが

- **Regarding** the product samples,
  製品のサンプルについてですが、

- **Regarding** our sales promotion in December,
  弊社の 12 月の販売プロモーションについてですが、

- **Regarding** the availability of replacements for damaged goods,
  破損した商品の取替え品の入手(可能性)についてですが、

■ Further to ～　～に付け加えてですが

- **Further to** my email sent last week,
  先週お送りした私の E メールに付け加えてですが、

- **Further to** my last email,
  この間の[最後に送った]私の E メールに付け加えてですが、

- **Further to** your telephone conversation with my supervisor,
  あなたと私の上司の電話での会話に付け加えてですが、

■ As per 〜　〜の通り

- **As per** your request,
  あなたのリクエストの通り、

- **As per** the attached file,
  添付ファイルの通り、

- **As per** Taro's email below,
  以下の太郎のEメールの通り、

- **As per** our previous emails,
  私たちの以前の［これまでの］Eメールの通り、

■ This is 〜　これは〜

- **This is** to inform you that the parcel you shipped arrived at my office today.
  これは、出荷していただいた小荷物が、本日弊社オフィスに到着したことをお伝えするものです。

- **This is** just to let you know our office will close between 10th and 20th August for the summer holidays.
  これは(単に)弊社オフィスが8月10日から20日までの間、夏季休暇のために閉まることをお伝えするものです。

■ In response to 〜　〜への返答ですが

- **In response to** your inquiry,
  あなたの問い合わせへの返答ですが、

- **In response to** your inquiry of May 3rd,
  5月3日のあなたの問い合わせへの返答ですが、

- **In response to** your request,
  あなたのリクエストへの返答ですが、

- **In response to** your comment on our website,
  弊社ウェブサイトに関するあなたのコメントへの返答ですが、

■ regret to inform you ～　あなたに～をお伝えすることを残念に思います

- We **regret to inform you** that Mr. Muto will be leaving his position with our company at the end of this month.
  今月末、残念ながら武藤君が弊社を退職することをお伝えします。

- I **regret to inform you** that our online translation service will end on 31st January 2012.
  弊社のオンライン翻訳サービスは、残念ながら、2012年1月31日をもって終了することをお伝えします。

■ Many thanks for ～　～をどうもありがとうございます［ございました］

- **Many thanks for** the hair-gel prices.
  ヘアジェルの価格を(ご連絡いただき)どうもありがとうございます。

- **Many thanks for** your proforma invoice.
  プロフォーマ・インボイスを(お送りいただき)どうもありがとうございます。

- **Many thanks for** the information regarding the new sales project.
  新しいセールスプロジェクトに関する情報をどうもありがとうございました。

■ Thank you for ～　～をありがとうございます［ございました］

・**Thank you for** your time on the phone yesterday.
昨日のお電話では、お時間をありがとうございました。

・**Thank you for** the XI-101 hair-gel details.
ヘアジェル XI-101 の詳細をありがとうございました。

・**Thank you for** the XI-101 hair-gel samples, which we received this morning.
ヘアジェル XI-101 のサンプルをありがとうございました。今朝受け取りました。

・**Thank you for** contacting customer services.
カスタマーサービスにご連絡をありがとうございます。

・**Thank you for** your recent order.
最近のご注文をありがとうございました。

■ Apologies for ～ , Sorry for [to] ～　～で申し訳ありません

・My **apologies for** confusion.
混乱を招いてしまい、申し訳ありません。

・**Sorry for** the delay in getting this information to you.
この情報をお伝えするのが遅くなり、申し訳ありません。

・**Sorry for** the delay in the response to your query on our promotion.
弊社のプロモーションについて、お問い合わせへの返答が遅れ申し訳ありません。

・**Sorry to** bother you again.
またお邪魔して申し訳ありません。

■ I have 〜　〜があります

- **I have** a request for your new product.
  御社の新製品についてリクエストがあります。

- **I have** an inquiry regarding the discount rate for your hair-gel products.
  御社のヘアジェル製品の割引率について質問があります。

> **(2) E メールの「結び」に使う一文**
> **Phrases and sentences to use at the end of emails**

■ look forward to 〜　〜を楽しみにしています

　　　　　＊「〜をお願いします」という意味合いで使うこともあります。

- I **look forward to** hearing from you.
  お返事いただけることを楽しみにしています。

- I **look forward to** your reply.
  ご返信を楽しみにしています。

- I **look forward to** your response.
  ご返答を楽しみにしています。

- I **am looking forward to** your prompt reply.
  迅速な返信をお願いいたします。

- We **look forward to** your quick response.
  すばやい返答をお願いいたします。

・I **look forward to** your comments on this matter.
この件に関するコメントを楽しみにしています。

■ **Please 〜 if...**　もし...であれば、〜してください

・**Please** do not hesitate to contact me **if** you have any questions.
何かご質問があれば、どうぞ遠慮なくご連絡ください。

・**If** you have any questions, **please** do not hesitate to get in touch.
何かご質問があれば、どうぞ遠慮なくご連絡ください。

・**Please** feel free to contact us **if** you have any queries.
何かご質問があれば、お気軽にご連絡ください。

・**If** you have any queries, then **please** get in touch.
何かご質問があれば、そのときはどうぞご連絡ください。

■ **Please let me know if 〜**　〜かどうかお伝えください、〜かどうかお教えください

・**Please let me know**.
どうかお教えください。

・**Please let me know if** you have any questions.
何かご質問があれば、どうぞお教えください。

・**Please let me know if** I can help you in any other way.
他にもサポートできること［方法］があれば、どうぞお教えください。

・**Please let me know if** we can be of further help.
私たちがさらにお手伝いできることがあれば、どうぞお伝えください。

第4章

■ **Please advise if 〜**　〜かどうかお伝えください、〜かどうかお教えください

- **Please advise**.
  どうかお伝えください。

- **Please advise if** you need further information.
  さらに情報が必要でしたらお伝えください。

- **Please advise if** you require any further information.
  さらに何か情報が必要でしたらお伝えください。

- **Please advise if** this causes any problems.
  これが何らかの問題を生じさせるようでしたら、お教えください。

■ **I hope 〜**　〜だとよいのですが、〜であることを望みます

- **I hope** these are helpful.
  これらが助けになることを願います。

- **I hope** this helps.
  これが助けになるとよいのですが。

- **I hope** this is of interest.
  これが関心を持っていただけることだとよいのですが。

■ **〜 would be appreciated**　〜だと幸いです

- Your attention to this matter **would be appreciated**.
  この件に関して、ご検討[対応]いただけましたら幸いです。

- Your prompt attention **would be appreciated**.
  すぐに考慮[対応]していただけましたら幸いです。

・Your prompt reply **would be appreciated**.
迅速に返信していただければ幸いです。

■ Many thanks, Thank you　ありがとうございます[ございました]

・**Many Thanks**.
どうもありがとうございます。

・**Many thanks** for your help.
助けていただき、どうもありがとうございました。

・**Thank you** very much for your attention.
注意を払っていただき、誠にありがとうございます。

・**Thank you** in advance.
前もってお礼申し上げます。

・**Thanks** for your purchase.
ご購入ありがとうございます。

・**Thank you** for purchasing.
ご購入ありがとうございます。

・**Thank you** for your business.
お取引をありがとうございます。

■ apologize for 〜, sorry for 〜　〜で申し訳ありません、お詫び申し上げます

・**Sorry for** the inconvenience.
ご迷惑をお掛けして申し訳ありません。

- **Sorry for** the confusion.
  混乱を招いてしまい、申し訳ありません。

- I **apologize for** this matter.
  この件についてお詫び申し上げます。

- Once again, I **apologize for** the mistake.
  再度、間違いをお詫びいたします。

- We **apologize for** the delay.
  遅れましたことをお詫びいたします。

- I cannot **apologize** enough.
  十分に謝ることができません［誠に申し訳ございません］。

- Please accept our **apologies**.
  私どものお詫びを受け入れてください［誠に申し訳ございません］。

■ Others　その他

- Please confirm by return.
  折り返し、ご確認をお願いします。

- This is required as a matter of urgency.
  これは緊急に必要（な事柄）です。

- Please reply at your earliest convenience.
  （ご都合のよいときに）できるだけ早く返信してください。

- Please get back to me as soon as possible.
  できるだけ早く返答してください。

・Please let us know as soon as you hear from them.
　彼らから連絡がありましたら、すぐに伝えてください。

・Have a nice day.
　よい1日を。

・Have a good weekend.
　よい週末を。

著者紹介
Profile

松崎久純 (Hisazumi MATSUZAKI)

1967年生まれ。メーカー勤務を経て、現在、経済産業省所管社団法人中部産業連盟主任コンサルタント。慶應義塾大学大学院システムデザイン・マネジメント研究科非常勤講師。南カリフォルニア大学東アジア地域研究学部卒業、名古屋大学大学院経済学研究科修了。

国際事業、組織マネジメント、業務改善などの幅広い分野で、上場企業、中小企業におけるコンサルティング・研修講師の経験が豊富。25カ国100都市以上での業務経験があり、トラベリング・エデュケータとして、世界各国で研修講師を務めた実績を持つ。速読法リーディングハニー®の開発者・公認インストラクター指導者としても知られている。

著書に、『英文ビジネスレター＆Eメールの正しい書き方』、『英語で学ぶトヨタ生産方式──エッセンスとフレーズのすべて』、『(CDブック) 音読でマスターするトヨタ生産方式──英語で話すTPSのエッセンス』、『究極の速読法──リーディングハニー®6つのステップ』(いずれも研究社)、『ものづくりの英語表現』(三修社)、『現場で役立つ　英会話でトヨタ生産方式』(日刊工業新聞社)、『ザ・ジャストインタイム──現地現物が最高の利益を生む』(監訳、ダイヤモンド社) など。海外翻訳版、DVDも多数。

連絡先: sammymatsuzaki@yahoo.co.jp

英文ビジネス E メールの正しい書き方（実践応用編）

2010 年 8 月 2 日　初版発行

著者
松崎久純
©Hisazumi Matsuzaki, 2010

KENKYUSHA
〈検印省略〉

発行者
関戸雅男

発行所
株式会社　研究社
〒102-8152　東京都千代田区富士見 2-11-3
電話　営業（03）3288-7777（代）　編集（03）3288-7711（代）
振替　00150-9-26710
http://www.kenkyusha.co.jp/

印刷所
研究社印刷株式会社

装丁
吉崎克美

本文デザイン・DTP
古正佳緒里

ISBN 978-4-327-43067-2　C1082　Printed in Japan